As you Like it
Wie es euch gefällt

D1735363

William Shakespeare

As you Like it
Wie es euch gefällt

Titelbild: Hans-Ulrich Schlumpf,
Armand Schulthess, Rekonstruktion eines Universums,
Zürich 2011 (Edition Patrick Frey)
Copyright Hans-Ulrich Schlumpf, Zürich

Rückseite: Karl Kraus, Postskriptum zum letzten Brief
an Sidonie Nádherny vom 15./16.5.1936
aus: Karl Kraus, Briefe an Sidonie Nádherny von Borutin 1913-1936
Hg. von Friedrich Pfäfflin © Wallstein Verlag, Göttingen 2005
Reproduktion mit freundlicher Genehmigung
des Brenner-Archivs, Universität Innsbruck

Bühnenrechte beim Verlag der Autoren

© Verlag Uwe Laugwitz,
D-21244 Buchholz in der Nordheide, 2014

ISBN 9873-933077-39-4

Inhalt

As you Like it

Wie es euch gefällt

Actus primus. Scœna Prima.

Enter Orlando and Adam.

Orlando.

As I remember *Adam*, it was vpon this fashion
bequeathed me by will, but poore a thousand
Crownes, and as thou saist, charged my brother on his blessing to breed mee well: and
there begins my sadnesse: My brother *Iaques* he keepes
at schoole, and report speakes goldenly of his profit:
for my part, he keepes me rustically at home, or (to speak
more properly) staies me heere at home vnkept: for call
you that keeping for a gentleman of my birth, that dif-
fers not from the stalling of an Oxe? his horses are bred
better, for besides that they are faire with their feeding,
they are taught their mannage, and to that end Riders
deerely hir'd: but I (his brother) gaine nothing vnder
him but growth, for the which his Animals on his
dunghils are as much bound to him as I: besides this nothing that he so plentifully giues me, the something that
nature gaue mee, his countenance seemes to take from
me: hee lets mee feede with his Hindes, barres mee the
place of a brother, and as much as in him lies, mines my
gentility with my education. This is it *Adam* that
grieues me, and the spirit of my Father, which I thinke
is within mee, begins to mutinie against this seruitude.
I will no longer endure it, though yet I know no wise
remedy how to auoid it.

Enter Oliuer.

Adam. Yonder comes my Master, your brother.

I,1

Orlando, Adam

ORLANDO Ich erinnere mich sehr wohl, Adam, diese armseligen tausend Goldtaler sind mir unter der Voraussetzung vermacht worden, daß mein Bruder, wie du sagst, dem väterlichen Segen Gehorsam leistet und bestens für mich sorgt. Und genau da nimmt meine Betrübtheit ihren Anfang. Meinen Bruder Jakob schickt er zur Universität und man hört, daß er Wunders wie weiterkommt. Was mich angeht, mich behält er hier auf dem Gut, oder besser gesagt, mich hält er hier auf dem Gut wie einen Ochsen im Stall, nicht wie einen Edelmann von meinem Rang. Oder? Für seine Pferde sorgt er besser, denn abgesehen davon, daß sie vor gutem Futter glänzen, werden sie in die Schule genommen und zu diesem Zweck kostspielige Zureiter verpflichtet. Aber für mich, seinen leiblichen Bruder, fällt unter ihm bestenfalls ab, fett zu werden, wofür sein Viehzeug auf seinem Mist ihm genauso dankbar sein muß wie ich. Abgesehen von diesem Nichts, welches er mir so überreich schenkt, hat es den Anschein, als sei er bemüht, mir das, was die Natur mir schenkte, wegzunehmen: Er läßt mich mit dem Gesinde essen, unterdrückt mich als Bruder und untergräbt meinen Adel nach Kräften durch mangelnde Bildung. Das, Adam, fuchst mich, und es ist, davon bin ich überzeugt, der Geist meines Vaters in mir, der anfängt, gegen diese Knechtschaft zu meutern. Ich werde sie abschütteln, wenn ich auch noch nicht genau weiß, wie.

Oliver

ADAM Mein Herr kommt, Euer Bruder.

Orlan. Goe a-part *Adam,* and thou shalt heare how
   he will shake me vp.

Oli. Now Sir, what make you heere?

Orl. Nothing: I am not taught to make any thing.

Oli. What mar you then sir?

Orl. Marry sir, I am helping you to mar that which
   God made, a poore vnworthy brother of yours with
   idlenesse.

Oliuer. Marry sir be better employed, and be naught
   a while.

Orlan. Shall I keepe your hogs, and eat huskes with
   them? what prodigall portion haue I spent, that I should
   come to such penury?

Oli. Know you where you are sir?

Orl. O sir, very well: heere in your Orchard.

Oli. Know you before whom sir?

Orl. I, better then him I am before knowes mee: I
   know you are my eldest brother, and in the gentle condition of bloud you should so know me: the courtesie of
   nations allowes you my better, in that you are the first
   borne, but the same tradition takes not away my bloud,
   were there twenty brothers betwixt vs: I haue as much
   of my father in mee, as you, albeit I confesse your comming before me is neerer to his reuerence.

Oli. What Boy.   (this.

Orl. Come, come elder brother, you are too yong in

Oli. Wilt thou lay hands on me villaine?

Orl. I am no villaine: I am the yongest sonne of Sir

ORLANDO Geh beiseite, Adam, und du wirst sehen, wie er mit mir umspringt.

OLIVER Na, Sir, was macht Ihr hier?

ORLANDO Nichts. Man hat mich nicht gelehrt, etwas zu machen.

OLIVER Was macht Ihr also schlecht, Sir?

ORLANDO Herrje, Sir, ich helfe Euch, etwas Gottgemachtes schlecht zu machen, einen armen, entwürdigten Bruder von Euch, durch Nichtstun.

OLIVER Herrje, Sir, sucht Euch sinnvollere Arbeit, macht Euch unsichtbar.

ORLANDO Soll ich Eure Säue hüten und Treber mit Ihnen essen? Welches väterliche Erbteil habe ich verpraßt, daß ich so darben soll?

OLIVER Wißt Ihr, wo Ihr seid, Sir?

ORLANDO O ja, Sir, sehr gut: Hier in Eurem Obstgarten.

OLIVER Wißt Ihr, vor wem Ihr steht, Sir?

ORLANDO Ja, besser als der, vor dem ich stehe, weiß, wer vor ihm steht. Ich weiß, Ihr seid mein ältester Bruder, und das heilige Band des Blutes sollte Euch zu wissen tun, wer ich bin. Die Übereinkünfte räumen Euch Vorrechte dadurch ein, daß Ihr der Erstgeborene seid, dieselben alten Regeln aber bestätigen meine Blutszugehörigkeit und stünden zwanzig Brüder zwischen uns. In mir ist so viel von meinem Vater wie in Euch, wenngleich ich zugeben muß, daß durch Eure frühere Ankunft auf Euch ein klein wenig mehr vom Glanz seines Nachruhms fällt.

OLIVER Wie, Bursche?

ORLANDO Ruhig, älterer Bruder, ruhig, so alt seid Ihr auch wieder nicht.

OLIVER Willst du Hand an mich legen, Halunke?

ORLANDO Ich bin kein Halunke, ich bin der jüngste Sohn

Rowland de Boys, he was my father, and he is thrice a villaine that saies such a father begot villaines: wert thou
not my brother, I would not take this hand from thy
throat, till this other had puld out thy tongue for saying
so, thou hast raild on thy selfe.

Adam. Sweet Masters bee patient, for your Fathers
remembrance, be at accord.

Oli. Let me goe I say.

Orl. I will not till I please: you shall heare mee: my
father charg'd you in his will to giue me good education: you haue train'd me like a pezant, obscuring and
hiding from me all gentleman-like qualities: the spirit
of my father growes strong in mee, and I will no longer
endure it: therefore allow me such exercises as may become a gentleman, or giue mee the poore allottery my
father left me by testament, with that I will goe buy my
fortunes.

Oli. And what wilt thou do? beg when that is spent?
Well sir, get you in. I will not long be troubled with
you: you shall haue some part of your will, I pray you
leaue me.

Orl. I will no further offend you, then becomes mee
for my good.

Oli. Get you with him, you olde dogge.

Adam. Is old dogge my reward: most true, I haue
lost my teeth in your seruice: God be with my olde master, he would not haue spoke such a word.

Ex. Orl. Ad.

von Sir Rowland de Boys, er war mein Vater, und der ist ein dreifacher Halunke, der da sagt, solch ein Vater habe Halunken gezeugt. Wärst du nicht mein Bruder, ich nähme die Hand erst von deiner Gurgel, wenn die Hand hier dir die Zunge, die das sagte, herausgerissen hätte. Du hast dich selbst beschimpft.

ADAM Liebe Herren, haltet Frieden. Bei dem Andenken eures Vaters, vertragt euch.

OLIVER Laß mich los, sag ich.

ORLANDO Das will ich, wenns mir paßt: Ihr hört jetzt zu. Der letzte Wille meines Vaters verpflichtet Euch, mir eine anständige Erziehung zu geben. Ihr aber habt mich aufgezogen wie einen Bauern, alle Befähigungen eines Edelmanns habt Ihr mir vorenthalten und verweigert. Der Geist meines Vaters bestärkt mich und ich werde das nicht länger hinnehmen. Entweder erlaubt Ihr mir solche Übungen, wie sie einem Edelmann anstehen, oder Ihr händigt mir den armseligen Anteil aus, den mein Vater mir testamentarisch hinterlassen hat: Damit ziehe ich los, mir mein Glück zu erkaufen.

OLIVER Und was willst du tun? Betteln gehn, wenn das alle ist? Einverstanden, Sir, lauft nur schon vor. Über Euch habe ich mich lange genug geärgert: Euer Wille geschehe, wenigstens zum Teil. Laßt mich nur jetzt in Ruhe.

ORLANDO Ich trete Euch nicht näher als meine Interessen es verlangen.   *Ab.*

OLIVER Lauf ihm schon nach, oller Hofhund.

ADAM Oller Hofhund? Ist das der Dank? Wohl wahr, die Zähne sind mir ausgefallen in Eurem Dienst. Ach, mein verstorbener Herr! Gott gebe ihm Frieden. Er hätte sowas nie gesagt.

Ab.

Oli. Is it euen so, begin you to grow vpon me? I will
physicke your ranckenesse, and yet giue no thousand
crownes neyther: holla *Dennis.*

Enter Dennis.

Den. Calls your worship?

Oli. Was not *Charles* the Dukes Wrastler heere to
speake with me?

Den. So please you, he is heere at the doore, and im-
portunes accesse to you.

Oli. Call him in: 'twill be a good way: and to morrow the wrastling is.

Enter Charles.

Cha. Good morrow to your worship.

Oli. Good Mounsier *Charles*: what's the new newes
at the new Court?

Charles. There's no newes at the Court Sir, but the
olde newes: that is, the old Duke is banished by his yonger brother the new Duke, and three or foure louing
Lords haue put themselues into voluntary exile with
him, whose lands and reuenues enrich the new Duke,
therefore he giues them good leaue to wander.

Oli. Can you tell if *Rosalind* the Dukes daughter bee
banished with her Father?

Cha. O no; for the Dukes daughter her Cosen so
loues her, being euer from their Cradles bred together,
that hee would haue followed her exile, or haue died to
stay behind her; she is at the Court, and no lesse beloued
of her Vncle, then his owne daughter, and neuer two Ladies loued as they doe.

Oli. Where will the old Duke liue?

I, i, 86-115

OLIVER Ist es soweit? Fängst du an, mir über den Kopf zu wachsen? Ich werde dir die Triebe stutzen, aber ohne dir tausend Taler hinterher zu schmeißen. Heda, Dennis!

Dennis

DENNIS Euer Gnaden haben gerufen?

OLIVER Dieser Ringkämpfer des Herzogs, dieser Charles, wollte der mich nicht sprechen?

DENNIS Mit Verlaub, er wartet am Tor und begehrt, vorgelassen zu werden.

OLIVER Ruf ihn herein. *Dennis ab.*
So wird es gehn. Und schon morgen ist Kampftag.

Charles

CHARLES Guten Morgen, Euer Gnaden.

OLIVER Lieber Monsieur Charles! Was gibts neuestes Neues am neuen Hof?

CHARLES Am Hof nichts Neuestes, Sir, nur Altneues: daß der alte Herzog Ferdinand nach wie vor verbannt ist von seinem jüngeren Bruder, dem neuen Herzog Frederick, und sich drei oder vier getreue Lords aus freien Stücken mit in das Exil begeben haben, von denen ihr Grundbesitz und ihre Renten den neuen Herzog bereichern, westerwegen er sie ganz gern ziehen ließ.

OLIVER Sagen Sie, die Tochter des Herzogs, des alten, ist sie mit ihrem Vater verbannt worden? Rosalind?

CHARLES O bewahre, weil, die Tochter des neuen Herzogs, ihre Kusine, hat sie so lieb – zu zweit großgezogen wie sie von der Wiege an wurden –, daß sie ihr ins Exil nachgefolgt wäre oder gestorben am Hierbleibenmüssen. Sie lebt bei Hof und wird von ihrem Onkel genauso gehätschelt wie sein eignes Töchterchen, und nie haben zwei Ladies so aneinander gehangen wie diese beiden.

OLIVER Wo will der alte Herzog leben?

Cha. They say hee is already in the Forrest of *Arden*,
    and a many merry men with him; and there they liue
    like the old *Robin Hood* of *England*: they say many yong
    Gentlemen flocke to him euery day, and fleet the time
    carelesly as they did in the golden world.

Oli. What, you wrastle to morrow before the new
    Duke.

Cha. Marry doe I sir: and I came to acquaint you
    with a matter: I am giuen sir secretly to vnderstand, that
    your yonger brother *Orlando* hath a disposition to come
    in disguis'd against mee to try a fall: to morrow sir I
    wrastle for my credit, and hee that escapes me without
    some broken limbe, shall acquit him well: your brother
    is but young and tender, and for your loue I would bee
    loth to foyle him, as I must for my owne honour if hee
    come in: therefore out of my loue to you, I came hither
    to acquaint you withall, that either you might stay him
    from his intendment, or brooke such disgrace well as he
    shall runne into, in that it is a thing of his owne search,
    and altogether against my will.

Oli. *Charles*, I thanke thee for thy loue to me, which
    thou shalt finde I will most kindly requite: I had my
    selfe notice of my Brothers purpose heerein, and haue by
    vnder-hand meanes laboured to disswade him from it;
    but he is resolute. Ile tell thee *Charles*, it is the stubbor-
    nest yong fellow of France, full of ambition, an enuious
    emulator of euery mans good parts, a secret & villanous
    contriuer against mee his naturall brother: therefore vse
    thy discretion, I had as liefe thou didst breake his necke

CHARLES Es heißt, er sei jetzt im Ardenner Wald und viele fidele Mannsleute mit ihm, und da leben sie wie der gute alte Robin Hood aus England. Es heißt, viele junge Herren stoßen zu ihm jeden Tag und lassen die Zeit treiben, so sorgenfrei als wärs das goldene Weltalter.

OLIVER Sie ringen morgen vor dem neuen Herzog, nicht wahr?

CHARLES So siehts aus, Sir, und ich komme, Euch von etwas Bescheid zu geben. Mir haben sie hinterbracht, Sir, Euer jüngster Bruder Orlando hat sich in den Kopf gesetzt, gegen mich anzutreten, verkleidet, und einen Wurf zu wagen. Morgen, Sir, ringe ich um meine Zukunft, und wer mir ohne einen kaputten Knochen davonkommen will, der muß seine Sache schon gut machen. Euer Bruder ist Euch man ein Jungscher und eine halbe Portion, und aus Respekt vor Euch wärs mir ein Tort, ihn zu werfen, was ich aber muß, wenn er antritt, weil, für mich geht es ums Ganze. Desterwegen ist es aus Respekt vor Euch, daß ich komme, Euch davon Bescheid zu geben, damit Ihr ihn entweder von seiner Vorhabung abbringt, oder sein Unglück mit Fassung tragt, in was er reinrennt, insoweit das ein Ding ist, wo er sich selbst drum reißt und ganz und gar gegen meine Absicht.

OLIVER Charles, ich danke dir für deinen mir erwiesenen Respekt, den ich dir, wie du sehen sollst, großzügigst vergelten werde. Ich hatte selber schon Kenntnis von dieser Absicht meines Bruders und war unter der Hand damit beschäftigt, ihn umzustimmen, aber er bleibt stur. Ich sag dir eins, Charles, das ist der dickköpfigste junge Klotz von ganz Frankreich, ehrgeizig bis zum Platzen, ein mißgünstiger Nachahmer von Vorzügen anderer Leute, ein insgeheimer und tückischer Ränkeschmied gegen mich,

as his finger. And thou wert best looke to't; for if thou
dost him any slight disgrace, or if hee doe not mightilie
grace himselfe on thee, hee will practise against thee by
poyson, entrap thee by some treacherous deuise, and neuer leaue thee till he hath tane thy life by some indirect
meanes or other: for I assure thee, (and almost with
teares I speake it) there is not one so young, and so vil-
lanous this day liuing. I speake but brotherly of him,
but should I anathomize him to thee, as hee is, I must
blush, and weepe, and thou must looke pale and
wonder.

Cha. I am heartily glad I came hither to you: if hee
come to morrow, Ile giue him his payment: if euer hee
goe alone againe, Ile neuer wrastle for prize more: and
so God keepe your worship.   *Exit.*

Oli. Farewell good *Charles.* Now will I stirre this Game-
ster: I hope I shall see an end of him; for my soule (yet
I know not why) hates nothing more then he: yet hee's
gentle, neuer school'd, and yet learned, full of noble
deuise, of all sorts enchantingly beloued, and indeed
so much in the heart of the world, and especially of my
owne people, who best know him, that I am altogether
misprised: but it shall not be so long, this wrastler shall
cleare all: nothing remaines, but that I kindle the boy
thither, which now Ile goe about.   *Exit.*

seinen leiblichen Bruder. Darum nutze deine Überlegenheit: Mir ist es gleich, ob du ihm einen Finger brichst oder das Genick. Zu Letzterem kann ich allerdings nur raten: Denn tust du ihm nicht groß was an, oder er tut sich nicht mächtig hervor gegen dich, dann geht er mit Gift auf dich los, stellt dir irgendeine tödliche Falle und läßt nicht locker, bis er dich auf diese oder jene Weise hinterrücks ums Leben gebracht hat. Denn ich versichere dir (und mir kommen gleich die Tränen, das sagen zu müssen), so jung er ist, an Heimtücke kommt ihm keiner gleich momentan. Und das spreche ich als sein Bruder; spräche ich als sein Anatom und sollte dir zeigen, wie er inwendig aussieht, ich würde feuerrot und heulen, und du würdest aschfahl und staunen.

CHARLES Ich bin ehrlich froh, daß ich vorbeigeschaut habe. Kreuzt er morgen auf, kriegt er seinen Lohn. Wenn er danach je wieder von alleine gehen kann, will ich kein Preisringer mehr sein. Und somit Gott befohlen, Euer Gnaden.

OLIVER Leb wohl, bester Charles. *Charles ab.* Jetzt hetze ich den andern Sportsfreund auf. Ich hoffe, ich erlebe sein Ende, denn, ohne daß ich wüßte warum, lehne ich ihn seelisch mehr als alles andere ab. Dabei ist er umgänglich, klug obzwar ungebildet, voller Ritterlichkeit, er zaubert sich aller Welt ins Herz, speziell meinen eigenen Leuten, die ihn doch am besten kennen, und das so sehr, daß ich hinten runterfalle. Aber damit ist jetzt Schluß: Dieser Ringer soll alles klarmachen. Ich muß bloß noch den Kleinen aufstacheln, morgen auf der Matte zu stehen, und das tu ich jetzt.

Scæna Secunda.

Enter Rosalind, and Cellia.

Cel. I pray thee *Rosalind*, sweet my Coz, be merry.

Ros. Deere *Cellia*; I show more mirth then I am mistresse of, and would you yet were merrier: vnlesse you
could teach me to forget a banished father, you must not
learne mee how to remember any extraordinary pleasure.

Cel. Heerein I see thou lou'st mee not with the full
waight that I loue thee; if my Vncle thy banished father
had banished thy Vncle the Duke my Father, so thou
hadst beene still with mee, I could haue taught my loue
to take thy father for mine; so wouldst thou, if the truth
of thy loue to me were so righteously temper'd, as mine
is to thee.

Ros. Well, I will forget the condition of my estate,
to reioyce in yours.

Cel. You know my Father hath no childe, but I, nor
none is like to haue; and truely when he dies, thou shalt
be his heire; for what hee hath taken away from thy father perforce, I will render thee againe in affection: by
mine honor I will, and when I breake that oath, let mee
turne monster: therefore my sweet *Rose*, my deare *Rose*,
be merry.

Ros. From henceforth I will Coz, and deuise sports:
let me see, what thinke you of falling in Loue?

Cel. Marry I prethee doe, to make sport withall: but
loue no man in good earnest, nor no further in sport ney-

Rosalind, Celia

CELIA Rosalind, Kusinchen, sei heiter, ich bitte dich.

ROSALIND Geliebte Celia, ich bin kaum die Herrin der Heiterkeit, die ich vortäusche, und du willst mich noch heiterer haben? Bevor du anfängst, mich an lustige Dinge zu erinnern, mußt du mich lehren, einen verbannten Vater zu vergessen.

CELIA So, nun ist es heraus: Du liebst mich nicht mit der gleichen Kraft, mit der ich dich liebe. Hätte mein Onkel, dein verbannter Vater, deinen Onkel, den jetzigen Herzog, meinen Vater verbannt, und du wärst mir erhalten geblieben, so hätte ich meiner Zuneigung beibringen können, deinen Vater als meinen anzusehen. Wenn deine Liebe zu mir so selbstlos gestrickt wäre wie meine zu dir, tätest du das gleiche.

ROSALIND Na schön, vergeß ich meine Lage eben und genieße deine.

CELIA Mein Vater hat außer mir kein Kind, und dabei wird es vermutlich bleiben. Aber stirbt er, bist du Erbin, denn was er deinem Vater mit Gewalt weggenommen hat, das gebe ich dir aus vollem Herzen zurück. Bei meiner Frauenehre, das tue ich, und will ein Monster sein, wenn ich diesen Schwur breche. Darum, mein süßes Röschen, mein herzallerliebstes Röschen, sei heiter.

ROSALIND Hinkünftig, verehrte Base, gehorche ich und sinne auf Spaßvergnügen. Laß mich nachdenken: Was hältst du vom Sich-Verlieben?

CELIA Aber bitte, immer feste, solang es beim Spaß bleibt. Nur bitte nicht Ernst machen mit der Liebe, und auch

ther, then with safety of a pure blush, thou maist in honor come off againe.

Ros. What shall be our sport then?
Cel. Let vs sit and mocke the good houswife *Fortune* from her wheele, that her gifts may henceforth bee
bestowed equally.
Ros. I would wee could doe so: for her benefits are
mightily misplaced, and the bountifull blinde woman
doth most mistake in her gifts to women.
Cel. 'Tis true, for those that she makes faire, she scarce
makes honest, & those that she makes honest, she makes
very illfauouredly.
Ros. Nay now thou goest from Fortunes office to Natures: Fortune reignes in gifts of the world, not in the
lineaments of Nature.

Enter Clowne.

Cel. No; when Nature hath made a faire creature,
may she not by Fortune fall into the fire? though nature
hath giuen vs wit to flout at Fortune, hath not Fortune
sent in this foole to cut off the argument?

Ros. Indeed there is fortune too hard for nature, when
fortune makes natures naturall, the cutter off of natures
witte.
Cel. Peraduenture this is not Fortunes work neither,
but Natures, who perceiueth our naturall wits too dull
to reason of such goddesses, hath sent this Naturall for
our whetstone, for alwaies the dulnesse of the foole, is
the whetstone of the wits. How now Witte, whether
wander you?

den Spaß nur so weit treiben, daß du jederzeit gegen Hinterlegung von allerhöchstens einmal Rotwerden in Ehren wieder loskommst.

ROSALIND Welches Vergnügen stattdessen?

CELIA Hinsetzen und das gute Hausmütterchen Fortuna von seinem Schicksalsrad wegärgern, damit das ewige Auf und Ab ein Ende hat.

ROSALIND Wer das könnte! Immerzu dreht sies verkehrt, und am allerverkehrtesten dreht die blinde Verschwenderin es für uns Frauen.

CELIA Die sie schön macht, macht sie selten treu, und die sie treu macht, macht sie im Großen und Ganzen unansehnlich.

ROSALIND Jetzt verwechselst du Mütterchen Fortuna mit Mutter Natur: Fortuna dreht das Rad des weltlichen Glücks, nicht des Glücks von Natur aus.

Prüfstein

CELIA Dreht sie nicht? Hat Mutter Natur ein schönes Kind geschaffen, kann Mütterchen Fortuna ihm nicht noch die Röcke anzünden? Uns gab Natur den Verstand, Fortuna zu sticheln: Schickt Fortuna uns nicht prompt den Unverstand da, die Stichelei abzukürzen?

ROSALIND In der Tat, da schlägt Fortuna die Natur, wenn sie diesen närrischen Naturburschen zum Abkürzer des natürlichen Verstandes erhebt.

CELIA Kann aber auch sein, es handelt sich nicht um ein Werk Fortunas, sondern eines der Natur, die erkannt hat, daß unser natürlicher Verstand zu stumpf ist, um mit solchen Göttinnen zu rechten und uns ihren Burschen als Wetzstein schickt: Denn der Stumpfsinn des Narren ist der Wetzstein des Verstandes. Willkommen, Witzkerl, wohin wanderst du?

Clow. Mistresse, you must come away to your father.

Cel. Were you made the messenger?
Clo. No by mine honor, but I was bid to come for you

Ros. Where learned you that oath foole?
Clo. Of a certaine Knight, that swore by his Honour
they were good Pan-cakes, and swore by his Honor the
Mustard was naught: Now Ile stand to it, the Pancakes
were naught, and the Mustard was good, and yet was
not the Knight forsworne.
Cel. How proue you that in the great heape of your
knowledge?
Ros. I marry, now vnmuzzle your wisedome.
Clo. Stand you both forth now: stroke your chinnes,
and sweare by your beards that I am a knaue.

Cel. By our beards (if we had them) thou art.
Clo. By my knauerie (if I had it) then I were: but if
you sweare by that that is not, you are not forsworn: no
more was this knight swearing by his Honor, for he neuer had anie; or if he had, he had sworne it away, before
euer he saw those Pancakes, or that Mustard.

Cel. Prethee, who is't that thou means't?
Clo. One that old *Fredericke* your Father loues.

Ros. My Fathers loue is enough to honor him enough;
speake no more of him, you'l be whipt for taxation one
of these daies.

PRÜFSTEIN Fräulein, Sie haben den Hinweg zu Ihrem Vater zu nehmen.

CELIA Haben sie Euch zum Büttel ernannt?

PRÜFSTEIN Das nicht, bei meiner Standesehre, aber gebeten, den Herweg zu Euch zu nehmen haben sie mich.

ROSALIND Diesen Schwur, wo hast du den her, Narr?

PRÜFSTEIN Von einem Edelherrn, der schwor bei der Ehre seines Standes, die Puffer wären prima, und bei seiner Standesehre schwor er, der Senf wär nix. Ich aber bleibe dabei: Die Puffer warn nix, und der Senf prima, nur fehlgeschworen hat jener Edelherr trotzdem nicht.

CELIA Und aus Eurem kolossalen Vorrat an Gelehrtheit beweist Ihr das wie?

ROSALIND Ja, bitte zieht den Stöpsel Eurer Weisheit.

PRÜFSTEIN Treten Sie alle beide nunmehr vor: Streichen Sie sich Ihre Kinne und schwören Sie bei Ihren Bärten, ich sei ein Taugenichts.

CELIA Bei unseren Bärten (wenn wir sie hätten), das bist du.

PRÜFSTEIN Bin ich nicht, bei meiner Taugenichtserei (wenn ich sie hätte): Aber wenn ihr bei was, was nicht da ist, schwört, schwört ihr nicht fehl. Nicht schlimmer ergings besagtem Edelherrn, der bei seiner Standesehre schwor, denn er hatte nie eine, oder, wenn er doch eine hatte, so hatte er sie, ehe er diese Puffer erschaute oder jenen Senf, längst durchgeschworen.

CELIA Von welchem Edelherrn ist hier bitte die Rede?

PRÜFSTEIN Von einem, den Euer Vater, der ehrwürdige Frederick, schätzt.

CELIA Die Wertschätzung meines Vaters genügt seiner Standesehre, Punktum. Sprecht nicht mehr von ihm. Macht Ihr so weiter, kriegt Ihr noch die Peitsche, wegen Zersetzung.

Clo. The more pittie that fooles may not speak wisely, what Wisemen do foolishly.

Cel. By my troth thou saiest true: For, since the little
wit that fooles haue was silenced, the little foolerie that
wise men haue makes a great shew; Heere comes Monsieur the *Beu.*

Enter le Beau.

Ros. With his mouth full of newes.

Cel. Which he will put on vs, as Pigeons feed their
young.

Ros. Then shal we be newes-cram'd.

Cel. All the better: we shalbe the more Marketable.
Boon-iour Monsieur le Beu, what's the newes?

Le Beu. Faire Princesse,
you haue lost much good sport.

Cel. Sport: of what colour?

Le Beu. What colour Madame? How shall I aun-
swer you?

Ros. As wit and fortune will.

Clo. Or as the destinies decrees.

Cel. Well said, that was laid on with a trowell.

Clo. Nay, if I keepe not my ranke.

Ros. Thou loosest thy old smell.

Le Beu. You amaze me Ladies: I would haue told
you of good wrastling, which you haue lost the sight of.

Ros. Yet tell vs the manner of the Wrastling.

Le Beu. I wil tell you the beginning: and if it please
your Ladiships, you may see the end, for the best is yet
to doe, and heere where you are, they are comming to
performe it.

PRÜFSTEIN Zu schade, daß Narren sich keinen Witz mehr leisten dürfen über das, was Witzfiguren sich an Narrheit leisten.

CELIA Da hast du recht, weiß der Himmel. Wird der Zwergenwitz der Narren zum Schweigen gebracht, macht die Riesennarrheit der Witzfiguren Parade. Hier naht Monsieur Le Beau.

Le Beau

ROSALIND Den Schlund voll Neuigkeiten.

CELIA Die er uns herauswürgen will gleich einer Taube, die ihre Brut atzt.

ROSALIND Wir werden mit Neuigkeiten genudelt.

CELIA Umso marktgerechter sind wir. Bonjour, Monsieur Le Beau, was gibts Neues?

LE BEAU Verehrte Prinzessin, Ihr habt einen Hauptspaß verpaßt.

CELIA Einen Hauptspaß? Von welcher Farbe?

LE BEAU Von welcher Farbe, Madam? Was soll ich Euch antworten?

ROSALIND Was Verstand und Glück hergeben.

PRÜFSTEIN Oder wozu die Vorsehung Euch verdonnert.

CELIA Nicht schlecht, vielleicht ein bißchen dick.

PRÜFSTEIN Na ja, ich kann nicht dauernd gleich brillant...

ROSALIND Kein Grund, gleich nach der Brillantine zu greifen.

LE BEAU Sie machen mich erstaunen, Ladies. Meine Absicht war es, Ihnen von einem Ringerturnier zu berichten, dessen Betrachtung Ihnen entgangen ist.

ROSALIND Berichten Sie bitte nur Geringes vom Geringe.

LE BEAU Ich will Ihnen von seinem Beginn berichten: Und, sofern er gefällt, mögen Sie das Ende mit Ihren eigenen Augen sehen, denn das Beste kommt noch, und um sich zu vollziehen, kommt es hier her, an den Ort

Cel. Well, the beginning that is dead and buried.

Le Beu. There comes an old man, and his three sons.

Cel. I could match this beginning with an old tale.

Le Beu. Three proper yong men, of excellent growth
and presence.

Ros. With bils on their neckes: Be it knowne vnto
all men by these presents.

Le Beu. The eldest of the three, wrastled with *Charles*
the Dukes Wrastler, which *Charles* in a moment threw
him, and broke three of his ribbes, that there is little
hope of life in him: So he seru'd the second, and so the
third: yonder they lie, the poore old man their Father,
making such pittiful dole ouer them, that all the behol-
ders take his part with weeping.

Ros. Alas.

Clo. But what is the sport Monsieur, that the Ladies
haue lost?

Le Beu. Why this that I speake of.

Clo. Thus men may grow wiser euery day. It is the
first time that euer I heard breaking of ribbes was sport
for Ladies.

Cel. Or I, I promise thee.

Ros. But is there any else longs to see this broken
Musicke in his sides? Is there yet another doates vpon
rib-breaking? Shall we see this wrastling Cosin?

Le Beu. You must if you stay heere, for heere is the

Ihres Aufenthalts.

CELIA Da erringt sich der Beginn keine große Bedeutung.

LE BEAU Zum Ringplatz kam ein alter Mann mit drei Söhnen.

CELIA Da wüßte ich eine aschgraue Parabel. Ränge ich mich dazu durch, sie zu erzählen, handelte sie gottlob von einem Ring statt von Ringern.

LE BEAU Drei propere junge Kerle von prächtigem Wuchs und Aussehen.

ROSALIND Und mit einem Warnschild für Ladies um den Hals: ERGEBT EUCH KEINEM HERZENSRINGER, ES SEI DENN MIT DEM RING AM FINGER.

LE BEAU Der älteste der drei rang mit Charles, dem herzoglichen Ringer, welchselber Charles ihn augenblicklich wirft und ihm drei seiner Rippen bricht, so daß nur wenig Hoffnung für sein Leben ist. Ganz so bedient er den zweitältesten und ganz so den jüngsten. Da hinten liegen sie, und über ihnen veranstaltet der arme alte Mann von Vater ein dermaßenes Gejammer, daß alle Umstehenden sich unter Tränen auf seine Seite schlagen.

ROSALIND Ach, das wird ein schönes Händeringen sein!

PRÜFSTEIN Aber wo, Monsieur, steckt der Hauptspaß, den die Ladies verpaßt haben?

LE BEAU Davon rede ich doch.

PRÜFSTEIN Man lernt nie aus. Das ist das erste, was ich höre, daß brechende Rippen ein Hauptspaß sind für Ladies.

CELIA Ist mir auch neu, ich schwöre.

ROSALIND Und da ist noch wer, der wünscht, die Harmonie seines Leibes zerstört zu sehen? Noch einer, der von gebrochenen Rippen träumt? Sollen wir diesem Ringkampf beiwohnen, liebe Kusine?

LE BEAU Das werden Sie unweigerlich, falls Sie beschließen,

place appointed for the wrastling, and they are ready to
performe it.

Cel. Yonder sure they are comming. Let vs now stay
and see it.

*Flourish. Enter Duke, Lords, Orlando, Charles,
and Attendants.*

Duke. Come on, since the youth will not be intreated
His owne perill on his forwardnesse.

Ros. Is yonder the man??

Le Beu. Euen he, Madam.

Cel. Alas, he is too yong: yet he looks successefully

Du. How now daughter, and Cousin:
Are you crept hither to see the wrastling?

Ros. I my Liege, so please you giue vs leaue.

Du. You wil take little delight in it, I can tell you
there is such oddes in the man: In pitie of the challen-
gers youth, I would faine disswade him, but he will not
bee entreated. Speake to him Ladies, see if you can
mooue him.

Cel. Call him hether good Monsieuer *Le Beu.*

Duke. Do so: Ile not be by.

Le Beu. Monsieur the Challenger, the Princesse cals
for you.

Orl. I attend them with all respect and dutie.

Ros. Young man, haue you challeng'd *Charles* the
Wrastler?

hier zu verweilen, denn der Ringplatz ist hierher verlegt worden, und sie sind drauf und dran, es zu vollführen.

CELIA Da sind sie auch schon im Anmarsch. Wir bleiben und sehen zu.

Herzog Frederick, Lords, Orlando, Charles, Zuschauer

HERZOG Stellt euch auf. Da der Jüngling sich nicht abhalten läßt, ist es sein eigener Übermut, der ihn in Gefahr bringt.

ROSALIND Der da? Ist das der Mann?

LE BEAU Genau der, Madam.

ROSALIND Ach, er ist zu jung, er mag so selbstsicher tun wie er will.

HERZOG Und Sie, meine Tochter, meine Nichte? Haben Sie sich hierher geschlichen, um die Ringer kämpfen zu sehen?

ROSALIND Ja, mein Fürst, wenn es Euch gefiele, uns dazu die Erlaubnis zu erteilen.

HERZOG Viel Freude wird Ihnen das nicht machen, soviel kann ich Ihnen gleich sagen. Der Kerl ist zu übermächtig. Mitleid hat mich bewogen, dem jugendlichen Herausforderer abzuraten, aber er will nichts hören. Sprechen Sie mit ihm, Ladies, sehen Sie zu, daß Sie ihn umstimmen.

CELIA Bitten Sie ihn her, lieber Monsieur Le Beau.

HERZOG Machen Sie nur, ich bin schon weg.

LE BEAU Monsieur Herausforderer, die Prinzessin bittet Sie zu sich.

ORLANDO Ich stehe den Damen mit allem schuldigen Respekt zu Diensten.

ROSALIND Junger Mann, Ihr habt den Ringer Charles herausgefordert?

Orl. No faire Princesse: he is the generall challenger,
    I come but in as others do, to try with him the strength
    of my youth.

Cel. Yong Gentleman, your spirits are too bold for
    your yeares: you haue seene cruell proofe of this mans
    strength, if you saw your selfe with your eies, or knew
    your selfe with your iudgment, the feare of your aduen-
    ture would counsel you to a more equall enterprise. We
    pray you for your owne sake to embrace your own safe-
    tie, and giue ouer this attempt.

Ros. Do yong Sir, your reputation shall not therefore
    be misprised: we wil make it our suite to the Duke, that
    the wrastling might not go forward.
Orl. I beseech you, punish mee not with your harde
    thoughts, wherein I confesse me much guiltie to denie
    so faire and excellent Ladies anie thing. But let your
    faire eies, and gentle wishes go with mee to my triall;
    wherein if I bee foil'd, there is but one sham'd that was
    neuer gracious: if kil'd, but one dead that is willing to
    be so: I shall do my friends no wrong, for I haue none to
    lament me: the world no iniurie, for in it I haue nothing:
    onely in the world I fil vp a place, which may bee better
    supplied, when I haue made it emptie.

Ros. The little strength that I haue, I would it were
    with you.

ORLANDO Das nicht, verehrte Prinzessin, der Herausforderer, der öffentliche, ist er: Ich habe, wie auch andere, nur angenommen, um die Kräfte meiner Jugend mit ihm zu messen.

CELIA Junger Herr, Ihr seid zu kühn für Euer Alter. Von den Kräften dieses Mannes habt Ihr die fürchterlichsten Proben erhalten. Könntet Ihr Euch mit eigenen Augen sehen oder wäret Ihr im Stande, Euch selbst korrekt einzuschätzen, dann würden Eure Bedenken Euch ein ausgewogeneres Unternehmen nahelegen als dieses Wagestück es ist. Wir bitten Euch daher inständig, um Eurer Zukunft willen auf Eure Gesundheit zu denken und Abstand von diesem Versuch zu nehmen.

ROSALIND Hört auf sie, jugendlicher Sir: Eure Reputation soll darüber nicht in Mißkredit geraten. Wir bewegen den Herzog dazu, den Kampf zu unterbinden.

ORLANDO Auf meinen Knien ersuche ich Euch, keinen Grimm gegen mich zu hegen, wenngleich ich, wie ich nur zu deutlich fühle, eine Strafe dafür, daß ich so einnehmenden und unvergleichlichen Ladies irgend etwas zu verweigern fähig bin, mehr als verdient habe. Wollt stattdessen Eure freundlichen Blicke und guten Wünsche mich bei meiner Prüfung begleiten lassen. Sollte ich unterliegen, so fiele Schande auf einen, der sich durch nichts hervorgetan hat. Sollte ich getötet werden, ist einer tot, der gewillt war, es zu sein. Ich werde keine Freunde betrüben, denn ich habe nicht einen, der um mich trauert. Ich werde der Welt nicht schaden, denn ich schulde ihr nichts; ich nehme in ihr nur Platz weg, für den sich bessere Verwendung finden wird, wenn ich ihn räume.

ROSALIND Mein bißchen Kraft, ich wollte, sie wäre Eure.

Cel. And mine to eeke out hers.

Ros. Fare you well: praie heauen I be deceiu'd in you.

Cel. Your hearts desires be with you.

Char. Come, where is this yong gallant, that is so
desirous to lie with his mother earth?

Orl. Readie Sir, but his will hath in it a more modest
working.

Duk. You shall trie but one fall.

Cha. No, I warrant your Grace you shall not entreat
him to a second, that haue so mightilie perswaded him
from a first.

Orl. You meane to mocke me after: you should not
haue mockt me before: but come your waies.

Ros. Now Hercules, be thy speede yong man.

Cel. I would I were inuisible, to catch the strong fellow by the legge.   *Wrastle.*

Ros. Oh excellent yong man.

Cel. If I had a thunderbolt in mine eie, I can tell who
should downe.   *Shout.*

Duk. No more, no more.

Orl. Yes I beseech your Grace, I am not yet well
breath'd.

Duk. How do'st thou *Charles*?

Le Beu. He cannot speake my Lord.

Duk. Beare him awaie:
    What is thy name yong man?

Orl. *Orlando* my Liege, the yongest sonne of Sir *Roland de Boys*.

Duk. I would thou hadst beene son to some man else,
    The world esteem'd thy father honourable,
    But I did finde him still mine enemie:

CELIA Und meine, zu ihrer Verstärkung.

ROSALIND Lebt wohl. Gebe der Himmel, daß ich mich in Euch geirrt habe.

CELIA Möge geschehen, was Euer Herz sich wünscht.

CHARLES Nu los, dieser Jungspund von Galan, der sich zu Mutter Erde betten will, wo bleibt er?

ORLANDO Ist bereit, Sir, aber seine Absichten gehen nicht ganz so weit.

HERZOG Nur einen Versuch, mehr nicht.

CHARLES Nee, ich garantiere, zu einem zweiten überreden werden Eure Hoheit ihn nicht müssen, wo sie ihm so mächtig von dem ersten haben abgeraten.

ORLANDO Ihr hofft, mich hinterher auszulachen: Dann solltet Ihrs vorher lassen. Kommt, stellt Euch auf.

ROSALIND Herkules, jetzt steh dem Jungen bei.

CELIA Ich wollte, ich wär unsichtbar, dann zöge ich den ungeschlachten Kerl am Bein.

ROSALIND O, sieh doch, der junge Mann! Fabelhaft!

CELIA Könnten meine Augen Blitze versenden, ich wüßte, wer zu Boden müßte.

HERZOG Schluß, Schluß!

ORLANDO Nicht doch, ich flehe Eure Hoheit an, ich bin kaum warm geworden.

HERZOG Charles, wie ist dir?

LE BEAU Er kann nicht sprechen, Mylord.

HERZOG Tragt ihn weg. Dein Name, junger Mann?

ORLANDO Orlando, mein Fürst, Sir Rowland de Boys' jüngster Sohn.

HERZOG Als eines Andern Sohn wärst du mir lieber:
Die Welt hielt deinen Vater hoch in Ehren
Mir aber war er stets ein Feind. Du hättest

Thou should'st haue better pleas'd me with this deede,
Hadst thou descended from another house:
But fare thee well, thou art a gallant youth,
I would thou had'st told me of another Father.

Exit Duke.

Cel. Were I my Father (Coze) would I do this?

Orl. I am more proud to be Sir *Rolands* sonne,
His yongest sonne, and would not change that calling
To be adopted heire to *Fredricke.*

Ros. My Father lou'd Sir *Roland* as his soule,
And all the world was of my Fathers minde,
Had I before knowne this yong man his sonne,
I should haue giuen him teares vnto entreaties,
Ere he should thus haue ventur'd.

Cel. Gentle Cosen,
Let vs goe thanke him, and encourage him:
My Fathers rough and enuious disposition
Sticks me at heart: Sir, you haue well deseru'd,
If you doe keepe your promises in loue;
But iustly as you haue exceeded all promise,
Your Mistris shall be happie.

Ros. Gentleman,
Weare this for me: one out of suites with fortune
That could giue more, but that her hand lacks meanes.
Shall we goe Coze?

Cel. I: fare you well faire Gentleman.

Orl. Can I not say, I thanke you? My better parts
Are all throwne downe, and that which here stands vp
Is but a quintine, a meere liuelesse blocke.

Ros. He cals vs back: my pride fell with my fortunes,
Ile aske him what he would: Did you call Sir?
Sir, you haue wrastled well, and ouerthrowne

Mit deiner Großtat besser mir gefallen
Wenn du aus einem andern Hause stammtest:
Gleichviel. Leb wohl. Du bist ein tapfrer Junge
Hättst du nur diesen Vater nicht genannt.

Herzog Frederick, Gefolge ab.

CELIA Würde ich, Kusine, als mein Vater so etwas tun?
ORLANDO Es wächst mein Stolz, Sir Rowlands Sohn zu sein:
Keinen andern Namen will ich tragen
Und würde ich darüber Fredericks Erbe.
ROSALIND Mein Vater hat Sir Rowland sehr geschätzt
Und alle Welt empfand so wie mein Vater
Hätt ich gewußt, der Jüngling ist sein Sohn
Dann folgten meinen Bitten, eh er sich
So preisgab, meine Tränen.
CELIA   Kommt, Kusine:
Laßt uns ihm danken und ihm Mut zusprechen
Die Schroffheit und der Argwohn meines Vaters
Beschweren mir das Herz. Sir, Ihr wart glänzend.
Haltet Ihr was Ihr verliebt versprecht
So mehr als ein, wie das Versprochne hier
Wird Eure Freundin glücklich sein.
ROSALIND   Mein Herr
Tragt dies von einer, der das Glück nicht wohl will
Die mehr gern gäbe, wär die Hand nicht leer.
Gehen wir, Kusine?
CELIA   Ja. Lebt wohl, Herr.
ORLANDO Bring ich kein Dank Euch mehr heraus? Mein Kopf
Ist abgefallen, was noch aufragt, ist
Ein Pfostenritter, leblos, hölzern, starr.
ROSALIND Er ruft nach uns. Mein Stolz ist wie mein Glück:
Ganz hin. Ich frag ihn, was er will. Ihr rieft uns
Sir? Sir, Ihr kämpftet tüchtig und Ihr warft

More then your enemies.

Cel. Will you goe Coze?

Ros. Haue with you: fare you well.   *Exit.*

Orl. What passion hangs these weights vpõ my toong?
I cannot speake to her, yet she vrg'd conference.
                    Enter Le Beu.
O poore *Orlando*! thou art ouerthrowne
Or Charles, or something weaker masters thee.

Le Beu. Good Sir, I do in friendship counsaile you
To leaue this place; Albeit you haue deseru'd
High commendation, true applause, and loue;
Yet such is now the Dukes condition,
That he misconsters all that you haue done:
The Duke is humorous, what he is indeede
More suites you to conceiue, then I to speake of.

Orl. I thanke you Sir; and pray you tell me this,
Which of the two was daughter of the Duke,
That here was at the Wrastling?

Le Beu. Neither his daughter, if we iudge by manners,
But yet indeede the taller is his daughter,
The other is daughter to the banish'd Duke,
And here detain'd by her vsurping Vncle
To keepe his daughter companie, whose loues
Are deerer then the naturall bond of Sisters:
But I can tell you, that of late this Duke
Hath tane displeasure 'gainst his gentle Neece,
Grounded vpon no other argument,
But that the people praise her for her vertues,
And pittie her, for her good Fathers sake;
And on my life his malice 'gainst the Lady
Will sodainly breake forth: Sir, fare you well,

Mehr um als Euren Gegner.

CELIA   Gehn wir, Bäschen?

ROSALIND Bin schon auf dem Weg. Und nun lebt wohl.

Beide ab.

ORLANDO Wie kommt das Bleigewicht an meine Zunge?
Ihr lag daran, mit mir zu konversieren.

Le Beau
O Orlando, Armer! Doch geschlagen!
Was Charles dir ließ, bemeistert Schwächeres.

LE BEAU Werter Herr, in aller Freundschaft rate
Ich Euch, verlaßt den Ort. Erwarbt Ihr Euch
Auch höchstes Lob, Applaus von allen Seiten
Und Zuneigung der Damen, unser Herzog
Wird Euch den Erfolg mißdeuten, er ist
Unberechenbar: Wies in ihm aussieht
Stellt Ihr Euch besser vor, als daß ichs sage.

ORLANDO Habt Dank, Sir; aber, bitte, von den Damen
Den beiden, die dem Ringkampf beigewohnt
Welche war da wohl des Herzogs Tochter?

LE BEAU Gehn wir nach den Manieren, keine. Faktisch
Ist die Kleinere Euch seine Tochter
Die des verbannten Herzogs ist die andre;
Ihr Onkel hat, als er die Macht ergriff
Sie seinem Kind zuliebe dabehalten
Denn zugetan sind sie sich mehr als Schwestern.
Seit kurzem aber stört, kann ich Euch flüstern
Den Herzog seine engelgleiche Nichte
Aus keinem andern Grund, als daß das Volk
Sie wegen ihrer Sittsamkeit bewundert
Und ihres Vaters wegen mit ihr fühlt;
Und lang ists nicht mehr hin, so wahr ich lebe,
Bis daß sein Groll sich Bahn bricht. Sir, lebt wohl

Hereafter in a better world then this,
I shall desire more loue and knowledge of you.
Orl. I rest much bounden to you: fare you well.

Thus must I from the smoake into the smother,
From tyrant Duke, vnto a tyrant Brother.
But heauenly *Rosaline.*   *Exit*

Scena Tertius.

Enter Celia and Rosaline.

Cel. Why Cosen, why *Rosaline*: *Cupid* haue mercie,
    Not a word?
Ros. Not one to throw at a dog.
Cel. No, thy words are too precious to be cast away
    vpon curs, throw some of them at me; come lame mee
    with reasons.
Ros. Then there were two Cosens laid vp, when the
    one should be lam'd with reasons, and the other mad
    without any.
Cel. But is all this for your Father?
Ros. No, some of it is for my childes Father: Oh
    how full of briers is this working day world.
Cel. They are but burs, Cosen, throwne vpon thee
    in holiday foolerie, if we walke not in the trodden paths
    our very petty-coates will catch them.
Ros. I could shake them off my coate, these burs are
    in my heart.
Cel. Hem them away.
Ros. I would try if I could cry hem, and haue him.

Dereinst, in einer bessern Welt als dieser
Erhoffe ich mir nähere Bekanntschaft.
ORLANDO Ich bin Euch sehr verbunden. Lebt nun wohl.
Le Beau ab.
Das nennt man erst gebraten, dann verbrannt
Wenn mich der Bruder haßt, der Fürst verbannt.
Doch Rosalind, die Himmlische! *Ab.*

I, 3

Rosalind, Celia

CELIA Komm schon, Kusine, komm, Rosalind! Gnade mir
Cupido, nicht ein Wort?
ROSALIND Nicht einmal für einen Hund.
CELIA Nicht doch, aus deinem Mund sind Worte zu köstlich,
um sie Streunern hinzuschütten – wirf mir ein paar davon
zu. Komm schon, mach mich mit Gründen stumm.
ROSALIND Das wären zwei tolle Kusinen: die eine gründlich
stumm und die andere grundlos plemplem.

CELIA Alles wegen deines Vaters?
ROSALIND Nicht nur, auch wegen meines Kindsvaters. O,
Alltagswelt! Wie voll von Dornen du doch bist.
CELIA Alles bloß Kletten, angeworfen in Feierlaune. Ein
Schritt vom Wege und sie hängen uns an den Unter-
röcken.
ROSALIND Da lassen sie sich abschütteln: Meine Kletten haf-
ten mir im Herzen.
CELIA Rupf sie raus.
ROSALIND Das würde ich, wenn ich nur sicher wäre, daß das
Herz nicht mitgeht.

Cel. Come, come, wrastle with thy affections.

Ros. O they take the part of a better wrastler then
my selfe.

Cel. O, a good wish vpon you: you will trie in time
in dispight of a fall: but turning these iests out of seruice,
let vs talke in good earnest: Is it possible on such a sodaine, you should fall into so strong a liking with old Sir
Roulands yongest sonne?

Ros. The Duke my Father lou'd his Father deerelie.

Cel. Doth it therefore ensue that you should loue his
Sonne deerelie? By this kinde of chase, I should hate
him, for my father hated his father deerely; yet I hate
not *Orlando*.

Ros. No faith, hate him not for my sake.

Cel. Why should I not? doth he not deserue well?

Enter Duke with Lords.

Ros. Let me loue him for that, and do you loue him
Because I doe. Looke, here comes the Duke.

Cel. With his eies full of anger.

Duk. Mistris, dispatch you with your safest haste,
And get you from our Court.

Ros. Me Vncle.

Duk You Cosen,
Within these ten daies if that thou beest found
So neere our publike Court as twentie miles,
Thou diest for it.

Ros. I doe beseech your Grace
Let me the knowledge of my fault beare with me:
If with my selfe I hold intelligence,

CELIA Hör mal, der Mensch muß ringen mit so Wallungen.
ROSALIND O, die haben den besseren Ringer auf ihrer Seite.

CELIA O, so, na dann, viel Freude! Warts ab, bis er dich auf
den Rücken wirft. Aber geben wir diesen Scherzen den
Abschied und reden ernsthaft. Ist das möglich? Von jetzt
auf gleich vergafft Ihr Euch Hals über Kopf in den jüng-
sten Sohn des alten Sir Rowland?
ROSALIND Der Herzog Ferdinand, mein Vater, hatte seinen
Vater sehr gern.
CELIA Heißt das zwangsläufig, Ihr müßt den Sohn sehr gern
haben? Ginge es danach, muß ich ihn hassen, denn mein
Vater hat seinen Vater sehr gehaßt. Ich hasse Orlando aber
nicht.
ROSALIND Nein, bitte, bitte, nicht hassen, mir zuliebe.
CELIA Warum sollte ich auch? Verdient hätte ers jedenfalls
nicht, oder?

Herzog Frederick, Lords

ROSALIND Und darum läßt du mich ihn sehr gern haben, und
du hast ihn sehr gern, weil ich es tue. Da kommt der Her-
zog.
CELIA Mit Funkelblick.
HERZOG Fräulein, Eure Sicherheit gebietet
Daß Ihr schleunigst unsern Hof verlaßt.
ROSALIND Ich, Onkel?
HERZOG   Ihr, Nichte. Trifft man dich
Von heute an gerechnet in zehn Tagen
In einem Umkreis an von zwanzig Meilen
Stirbst du.
ROSALIND   Ich ersuche Euer Gnaden
Entfernt mich nicht ohn' Kenntnis meines Fehls:
Bin ich noch bei mir, gebe ich mir noch

Or haue acquaintance with mine owne desires,
If that I doe not dreame, or be not franticke,
(As I doe trust I am not) then deere Vncle,
Neuer so much as in a thought vnborne,
Did I offend your highnesse.

Duk. Thus doe all Traitors,
If their purgation did consist in words,
They are as innocent as grace it selfe;
Let it suffice thee that I trust thee not.

Ros. Yet your mistrust cannot make me a Traitor;
Tell me whereon the likelihoods depends?

Duk. Thou art thy Fathers daughter, there's enough.

Ros. So was I when your highnes took his Dukdome,
So was I when your highnesse banisht him;
Treason is not inherited my Lord,
Or if we did deriue it from our friends,
What's that to me, my Father was no Traitor,
Then good my Leige, mistake me not so much,
To thinke my pouertie is treacherous.

Cel. Deere Soueraigne heare me speake.

Duk. I *Celia*, we staid her for your sake,
Else had she with her Father rang'd along.

Cel. I did not then intreat to haue her stay,
It was your pleasure, and your owne remorse,
I was too yong that time to value her,
But now I know her: if she be a Traitor,
Why so am I: we still haue slept together,
Rose at an instant, learn'd, plaid, eate together,
And wheresoere we went, like *Iunos* Swans,
Still we went coupled and inseperable.

Duk. She is too subtile for thee, and her smoothnes;

Rechenschaft von meinem Tun und Lassen
Wandle nicht im Schlaf und bin des Wahnsinns
(Und das bin ich nicht), dann, werter Onkel
Habe ich nichts, was Euch kränken könnte
Auch nur gedacht.
HERZOG   Das tun Verräter nie.
Entschieden Worte über ihre Schuld
Sie wären schuldlos wie die Gnade selbst.
Dir muß genügen, daß ich dir nicht traue.
ROSALIND Doch zur Verräterin macht das mich nicht:
Sagt mir, worauf der Verdacht beruht.
HERZOG Du bist die Tochter deines Vaters, darauf.
ROSALIND Das war ich auch, als Eure Hoheit ihm
Sein Herzogtum wegnahm. Das war ich auch
Als eure Hoheit ihn verbannte. Verrat
Vererbt sich nicht, Mylord, oder wenn doch
Was macht das mir? Mein Vater war Euch kein
Verräter. Dann, mein Fürst, denkt nicht von mir jetzt
Meine Armut wolle Euch verraten.
CELIA Gnädigster Gebieter, hört mich an.
HERZOG Ja, Celia, nur Euch hat sies zu danken
Daß sie nicht durch die Welt zieht wie ihr Vater.
CELIA Ich mußte mir ihr Bleiben nicht erbitten
Euch selbst gefiel sie und Ihr fühltet mit ihr.
Ich kenne sie nun besser als zuvor:
Wenn sie Verrat beging, tat ich es auch.
Wir schlafen immer noch im selben Zimmer
Erheben uns zugleich, wir lesen, essen
Und vertreiben uns die Zeit gemeinsam
Und sind, wohin wir gehen, stets ein Paar
Und unzertrennlich wie die Schwäne Junos.
HERZOG Für dich ist sie zu schlau, und ihre Glätte

Her verie silence, and per patience,
Speake to the people, and they pittie her:
Thou art a foole, she robs thee of thy name,
And thou wilt show more bright, & seem more vertuous
When she is gone: then open not thy lips
Firme, and irreuocable is my doombe,
Which I haue past vpon her, she is banish'd.

Cel. Pronounce that sentence then on me my Leige,
I cannot liue out of her companie.

Duk. You are a foole: you Neice prouide your selfe,
If you out-stay the time, vpon mine honor,
And in the greatnesse of my word you die.

Exit Duke, &c.

Cel. O my poore *Rosaline*, whether wilt thou goe?
Wilt thou change Fathers? I will giue thee mine:
I charge thee be not thou more grieu'd then I am.

Ros. I haue more cause.

Cel. Thou hast not Cosen,
Prethee be cheerefull; know'st thou not the Duke
Hath banish'd me his daughter?

Ros. That he hath not.

Cel. No, hath not? *Rosaline* lacks then the loue
Which teacheth thee that thou and I am one,
Shall we be sundred? shall we part sweete girle?
No, let my Father seeke another heire:
Therefore deuise with me how we may flie
Whether to goe, and what to beare with vs,
And doe not seeke to take your change vpon you,
To beare your griefes your selfe, and leaue me out:
For by this heauen, now at our sorrowes pale;
Say what thou canst, Ile goe along with thee.

I, iii, 82-112

Ihr Dauerschweigen und ihr Sich-Dreinfügen
Spricht das Volk an und ihm tut sie leid.
Du bist zu dumm, sie stiehlt dir deine Stellung
Und mehr Glanz fällt auf dich und mehr Beachtung
Wenn sie weg ist. Laß den Mund zu. Mein Beschluß
Ist unabänderlich: Sie ist verbannt.

CELIA Beschließ das Gleiche über mich dann, Fürst:
　　Wo sie nicht sein darf, will auch ich nicht leben.
HERZOG Du bist zu dumm. Ihr, Nichte, Ihr seht zu:
　　Wahrt mir die Frist! Wenn nicht, bei meiner Ehre
　　Und der Allmacht meines Worts: Ihr sterbt.
　　　　　　Herzog Frederick, Lords ab.
CELIA O meine arme Rosalind, wohin?
　　Willst Väter tauschen? Meinen kannst du haben.
　　Sei bitte nur nicht trauriger als ich.
ROSALIND Ich habe schon mehr Grund.
CELIA　　　　　　　　　　　　　Nein, hast du nicht
　　Kusine. Freu dich, bitte. Ist dir nicht klar
　　Daß der Herzog mich, sein Kind, verbannt hat?
ROSALIND Das hat er nicht.
CELIA　　　　　　　　Nein? Hat er nicht? Dann fehlt es
　　Rosalind an Solidarität
　　Die ihr beibringt, sie und ich sind eins.
　　Soll man uns spalten? Sollen wir uns trennen?
　　Nichts da, liebste Freundin, soll mein Vater
　　Sich 'ne neue Erbin suchen! Drum
　　Laß uns einen Weg zur Flucht erdenken
　　Wohin wir gehen und was wir benötgen.
　　Versuch erst gar nicht, dir die Schuld zu geben
　　Und dich zurückzuziehn und mich zu streichen:
　　Denn beim Himmel, der jetzt bleich herabschaut

Ros. Why, whether shall we goe?

Cel. To seeke my Vncle in the Forrest of *Arden*.

Ros. Alas, what danger will it be to vs,
    (Maides as we are) to trauell forth so farre?
    Beautie prouoketh theeues sooner then gold.

Cel. Ile put my selfe in poore and meane attire,
    And with a kinde of vmber smirch my face,
    The like doe you, so shall we passe along,
    And neuer stir assailants.

Ros. Were it not better,
    Because that I am more then common tall,
    That I did suite me all points like a man,
    A gallant curtelax vpon my thigh,
    A bore-speare in my hand, and in my heart
    Lye there what hidden womans feare there will,
    Weele haue a swashing and a marshall outside,
    As manie other mannish cowards haue,
    That doe outface it with their semblances.

Cel. What shall I call thee when thou art a man?

Ros. Ile haue no worse a name then *Ioues* owne Page,
    And therefore looke you call me *Ganimed*.
    But what will you be call'd?

Cel. Something that hath a reference to my state:
    No longer *Celia*, but *Aliena*.

Ros. But Cosen, what if we assaid to steale
    The clownish Foole out of your Fathers Court:
    Would he not be a comfort to our trauaile?

Cel. Heele goe along ore the wide world with me,
    Leaue me alone to woe him; Let's away
    And get our Iewels and our wealth together,
    Deuise the fittest time, and safest way

Sag, was du willst, ich bleib an deiner Seite.

ROSALIND Und wo gehn wir hin?

CELIA Zu deinem Vater, in den Wald von Arden.

ROSALIND O je, so weit zu reisen, obendrein
Als Mädchen, das ist doch gefährlich. Liebreiz
Fordert Diebe mehr heraus als Schmuck.

CELIA Ich zieh mir Sachen an, die ärmlich aussehn
Und beschmier mir das Gesicht mit Erde
Du machst das auch, und so ziehn wir dahin
Von Räubern unbehelligt.

ROSALIND   Wärs nicht besser
Wo ich schon so ungewöhnlich lang bin
Mich gleich völlig als ein Mann zu kleiden?
Ein schickes Messer an der Hüfte, in der Hand
'nen Sauspieß, und egal wieviel verborgne
Weiberfurcht im Herzen hockt, wir tun
Uns dick und mimen wilder Mann, wie jedes
Hasenherz, bei dem das Äußere
Die Feigheit übertünchen soll.

CELIA Wie nenn ich dich, wenn du ein Mann bist worden?

ROSALIND Ich will, wie Jupiters geliebter Knabe
Ganymed gerufen werden. Du?

CELIA So fremd, wie ich mir selbst bin, heiße ich
Nicht weiter Celia, vielmehr Aliena.

ROSALIND Wie wärs, Kusine, wenn wir Eurem Vater
Den Hofnarrn wegstibitzten? Wäre er uns
Auf unsrer Pilgerfahrt nicht eine Stütze?

CELIA Er zöge um die halbe Welt mit mir
Ich übernehme es, ihn abzuwerben.
Nun los und Schmuck und Bargeld eingepackt
Und danach gilt es, Wege zu ermitteln

To hide vs from pursuite that will be made
After my flight: now goe in we content
To libertie, and not to banishment.   *Exeunt.*

Actus Secundus. Scœna Prima.

*Enter Duke Senior: Amyens, and two or three Lords
like Forresters.*

Duk.Sen. Now my Coe-mates, and brothers in exile:
  Hath not old custome made this life more sweete
  Then that of painted pompe? Are not these woods
  More free from perill then the enuious Court?
  Heere feele we not the penaltie of *Adam*,
  The seasons difference, as the Icie phange
  And churlish chiding of the winters winde,
  Which when it bites and blowes vpon my body
  Euen till I shrinke with cold, I smile, and say
  This is no flattery: these are counsellors
  That feelingly perswade me what I am:
  Sweet are the vses of aduersitie
  Which like the toad, ougly and venemous,
  Weares yet a precious Iewell in his head:
  And this our life exempt from publike haunt,
  Findes tongues in trees, bookes in the running brookes,
  Sermons in stones, and good in euery thing.

Amien. I would not change it, happy is your Grace
  That can translate the stubbornnesse of fortune
  Into so quiet and so sweet a stile.
Du.Sen. Come, shall we goe and kill vs venison?
  And yet it irkes me the poore dapled fooles

Nach meinem Abgang die Verfolger uns
Vom Hals zu halten. Wir, in schöner Dreiheit
Ziehn statt in die Verbannung in die Freiheit.

II, 1

Herzog Ferdinand, Amiens, Lords, als Waldleute gekleidet

HERZOG Sagt selbst, verbannte Brüder und Gefährten
Ein erdverbundnes Leben, ist das nicht
Bekömmlicher als der bemalte Pomp?
Barg der Hof mit seinen Ränkespielen
Nicht mehr an Fährnissen als diese Wälder?
Adams Sündenstrafe fühlen wir
Hier nicht, den strengen Lauf der Jahreszeiten
Denn selbst der Eiszahn und das grimme Wüten
Des Winterwinds, wenn er mich beißt und mir
Den Leib vor Frost verschrumpfen läßt, bringt mich
Zum Lächeln, weil ich weiß: Da schmeichelt keiner
Da zeigt mir einer spürbar, was ich bin.
Das ist schön, wenn Widrigkeit uns aufhilft
Wie der Edelstein im Kopf der Kröte
Die selbst doch gräßlich ist und giftgeschwollen.
Dies unser Leben, fern vom Weltgeschiebe
Gibt Zweigen Zungen, liest in Bächen Bücher
Hört Steine singen und ist einverstanden.
AMIENS Ich würds nicht tauschen. Euer Gnaden dürfen
Froh sein, daß Ihr es vermögt, Fortunas
Mißgunst so harmonisch umzudeuten.
HERZOG Kommt, laßt uns Wildbret jagen. Einzig das
Stört, daß man armen buntgefleckten Schelmen

Being natiue Burgers of this desert City,
Should in their owne confines with forked heads
Haue their round hanches goard.

1. *Lord.* Indeed my Lord
The melancholy *Iaques* grieues at that,
And in that kinde sweares you doe more vsurpe
Then doth your brother that hath banish'd you:
To day my Lord of *Amiens*, and my selfe,
Did steale behinde him as he lay along
Vnder an oake, whose anticke roote peepes out
Vpon the brooke that brawles along this wood,
To the which place a poore sequestred Stag
That from the Hunters aime had tane a hurt,
Did come to languish; and indeed my Lord
The wretched annimall heau'd forth such groanes
That their discharge did stretch his leatherne coat
Almost to bursting, and the big round teares
Cours'd one another downe his innocent nose
In pitteous chase: and thus the hairie foole,
Much marked of the melancholie *Iaques*,
Stood on th'extremest verge of the swift brooke,
Augmenting it with teares.

Du.Sen. But what said *Iaques?*
Did he not moralize this spectacle?

1. *Lord.* O yes, into a thousand similies.
First, for his weeping into the needlesse streame;
Poore Deere quoth he, thou mak'st a testament
As worldlings doe, giuing thy sum of more
To that which had too must: then being there alone,
Left and abandoned of his veluet friend;
'Tis right quoth he, thus miserie doth part

Den eingebornen Bürgern dieses Waldorts
In ihrem eigenen Bezirk mit Pfeilen
Die runden Schenkel spießen muß.
LORD 1   Ganz recht:
Unsern Melancholiker, Jaques
Bedrückt das, und er schwört, auf diese Weise
Würde auch aus Euch ein Usurpator
Noch übler als Eur' Bruder, der Euch bannte.
Mylord, Amiens und ich belauschten ihn
Vorhin, als er sich unter eine Eiche
Gelagert hatte, deren krummer Stamm
In den Bach blickt, der den Wald entlangrauscht.
An dieses Plätzchen kommt, versprengt, ein Hirsch
Waidwund, um zu verenden, und im Ernst, Herr
Das arme Tier stieß solche Seufzer aus
Daß sie sein Fellwams spannten bis zum Platzen
Und entlang der unschuldsvollen Nase
Die dicken runden Tropfen rannen, einer
Dem andern nach in jämmerlicher Jagd.
So verharrte der bepelzte Narr
Im Blick von Jaques, unserm Weltschmerzfachmann
Haarscharf am Ufer des geschwinden Bachlaufs
Ihn mit Tränen füllend.
HERZOG   Und Jaques
Er zapfte sich Moral aus diesem Schauspiel?
LORD 1   O ja, in tausend Gleichnissen. Als erstes
Das Weinen in den wasserreichen Strom:
Hirsch, sprach er, so arm du bist, du machst
Ein Testament wie es ein Reicher macht
Du gibst im Überfluß dem, der da hat.
Dann, da der Hirsch allein war und verlassen
Von seiner samtnen Freundin, sagte er

The Fluxe of companie: anon a carelesse Heard
Full of the pasture, iumps along by him
And neuer staies to greet him: I quoth *Iaques*,
Sweepe on you fat and greazie Citizens,
'Tis iust the fashion; wherefore doe you looke
Vpon that poore and broken bankrupt there?
Thus most inuectiuely he pierceth through
The body of Countrie, Citie, Court,
Yea, and of this our life, swearing that we
Are meere vsurpers, tyrants, and whats worse
To fright the Annimals, and to kill them vp
In their assign'd and natiue dwelling place.

D.Sen. And did you leaue him in this contemplation?
2.Lord. We did my Lord, weeping and commenting
   Vpon the sobbing Deere.
Du.Sen. Show me the place,
   I loue to cope him in these sullen fits,
   For then he's full of matter.
1. Lor. Ile bring you to him strait.   *Exeunt.*

Scena Secunda.

Enter Duke, with Lords.

Duk. Can it be possible that no man saw them?
   It cannot be, some villaines of my Court
   Are of consent and sufferance in this.
1. Lo. I cannot heare of any that did see her,
   The Ladies her attendants of her chamber
   Saw her a bed, and in the morning early,
   They found the bed vntreasur'd of their Mistris.

Sehr wahr, so treibt das Elend uns und unsre
Lieben auseinander. Woraufhin
Ein ganzes Rudel, sorglos, gut geweidet
An ihm vorbei springt, ohne ihn zu grüßen.
Jawohl, ruft Jaques, zieh nur ab, du feistes
Glattes Bürgerpack! So wills die Zeit!
Nur nicht nach dem Verlierer schaun! So spießt er
Heftig schmähend Land wie Stadt wie Hof auf
Ja, auch dieses unser Dasein, schwörend
Wir seien Diktatoren, Machtergreifer
Tyrannen und noch Schlimmeres, die Tierwelt
Hier in ihrem angestammten Reich
Aufzujagen und sie auszurotten.
HERZOG Er kontemplierte noch, als ihr ihn ließet?
LORD 2 Das tat er, Fürst, den Todeskampf des Hirschen
In Tränen kommentierend.
HERZOG   Bringt mich zu ihm.
Ich mag ihn, wenn er sich so plötzlich eintrübt:
Er hat dann viel zu sagen.
LORD 1 Ich führe Euch auf schnellstem Wege hin.

II, 2

Herzog Frederick, Lord 1, Lord 2

HERZOG Kann es angehn, daß kein Mensch sie sah?
Es kann nicht angehn: 's gibt Verrat am Hof
Und Unterstützer und Konspirateure.
LORD 1 Ich finde niemanden, der sie gesehn hat.
Ihre Frauen brachten sie zu Bett
Und frühmorgens war das Bett geplündert.

2. *Lor.* My Lord, the roynish Clown, at whom so oft,
  Your Grace was wont to laugh is also missing,
  Hisperia the Princesse Gentlewoman
  Confesses that she secretly ore-heard
  Your daughter and her Cosen much commend
  The parts and graces of the Wrastler
  That did but lately foile the synowie *Charles*,
  And she beleeues where euer they are gone
  That youth is surely in their companie.

Duk. Send to his brother, fetch that gallant hither,
  If he be absent, bring his Brother to me,
  Ile make him finde him: do this sodainly;
  And let not search and inquisition quaile,
  To bring againe these foolish runawaies.   *Exunt.*

Scena Tertia.

Enter Orlando and Adam.

Orl. Who's there?
Ad. What my yong Master, oh my gentle master,
  Oh my sweet master, O you memorie
  Of old Sir *Rowland*; why, what make you here?
  Why are you vertuous? Why do people loue you?
  And wherefore are you gentle, strong, and valiant?
  Why would you be so fond to ouercome
  The bonnie priser of the humorous Duke?
  Your praise is come too swiftly home before you.
  Know you not Master, to seeme kinde of men,
  Their graces serue them but as enemies,
  No more doe yours: your vertues gentle Master

LORD 2 Der dreiste Schalksnarr, der Eur' Gnaden manchmal
Beinah zum Lachen reizte, der ist auch weg.
Hisperia, die Zofe der Prinzessin
Gestand, sie habe heimlich mitbekommen
Wie Eure Tochter sich und Eure Nichte
Des Langen und des Breiten über diesen
Jungen Ringer amüsierten, der unlängst
Charles, den Muskelprotz, zu Boden warf
Und sie glaubt, wo immer sie auch sind
Ist der Jüngling ganz gewiß dabei.
HERZOG Schickt zu seinem Bruder, greift den Schönling
Ist er weg, schleppt mir den Bruder her
Der findet ihn für mich. Tut das sofort!
Und daß mir streng und gründlich nachgeforscht wird
Bis die entlaufne Närrin wieder da ist.   *Alle ab.*

II, 3

Orlando, Adam

ORLANDO Wer da?
ADAM Ihr, junger Herr? Oh, guter Herr, oh, mein
Bester Herr, oh, Ihr, das Ebenbild
Des verstorbenen Sir Rowland, was
Tut Ihr hier? Tapfer wollt Ihr sein.
Wozu? Man soll Euch achten, schön. Weswegen?
Ihr möchtet gütig sein und stark und kühn
Zugleich. Warum? Zu welchem Ende wart Ihr
So versessen darauf, diesen Meisterringer
Vor den Augen unsres neuen, un-
Berechenbaren Herzogs zu besiegen?
Euer Lobpreis kam vor Euch nach Haus, ja.

Are sanctified and holy traitors to you:
Oh what a world is this, when what is comely
Enuenoms him that beares it?

Orl. Why, what's the matter?
Ad. O vnhappie youth,
   Come not within these doores: within this roofe
   The enemie of all your graces liues
   Your brother, no, no brother, yet the sonne
   (Yet not the son, I will not call him son)
   Of him I was about to call his Father,
   Hath heard your praises, and this night he meanes,
   To burne the lodging where you vse to lye,
   And you within it: if he faile of that
   He will haue other meanes to cut you off;
   I ouerheard him: and his practises:
   This is no place, this house is but a butcherie;
   Abhorre it, feare it, doe not enter it.

Ad. Why whether *Adam* would'st thou haue me go?
Ad. No matter whether, so you come not here.
Orl. What, would'st thou haue me go & beg my food,
   Or with a base and boistrous Sword enforce
   A theeuish liuing on the common rode?
   This I must do, or know not what to do:
   Yet this I will not do, do how I can,
   I rather will subiect me to the malice
   Of a diuerted blood, and bloudie brother.
Ad. But do not so: I haue fiue hundred Crownes,

Wißt Ihr nicht, Herr, daß für manche Menschen
Vorzüge wie Feinde sind? So Eure:
Von Euch keine Großtat, bester Herr
Die nicht sicher wie das Amen im Gebet
Zur Verräterin an Euch muß werden.
O, was ist das für eine Welt, in der
Verdienst den, der es sich erwirbt, vergiftet.
ORLANDO Wieso, was gibt es denn?
ADAM   Oh, armer Junge
Meide dieses Haus! Sein Dach beherbergt
Den Erzfeind aller deiner guten Gaben.
Dein Bruder, nein, kein Bruder, doch ein Sohn
(Und nicht ein Sohn, ich will ihn Sohn nicht nennen)
Dessen, den ich deinen Vater nenne
Hat von deinem Sieg gehört und plant
Die Kammer, drin du schläfst, in dieser Nacht
In Brand zu stecken und dich mit.
Mißlingt ihm das, erwägt er andre Mittel
Dich aus der Welt zu schaffen. Alles das
Hörte ich mit eignen Ohren. Hier
Ist kein Bleiben, dies Haus ist ein Bluthaus:
Fliehe es, entzieh dich ihm, tritt nicht ein.
ORLANDO Nur, wohin willst du, Adam, daß ich gehe?
ADAM Ganz gleich wohin, Hauptsache, fort von hier.
ORLANDO Was, du willst, daß ich betteln gehe oder
Mit dem frechen Schwert des Straßenräubers
Ein hundsgemeines Dasein mir erzwinge?
Soll ich das nicht tun, sag mir, was ich tun soll
Denn soll ich das tun, sage ich, ich tus nicht:
Viel lieber füge ich mich in die Tücke
Unbrüderlichen Bruderbluts.
ADAM   Tuts nicht.

The thriftie hire I saued vnder your Father,
Which I did store to be my foster Nurse,
When seruice should in my old limbs lie lame,
And vnregarded age in corners throwne,
Take that, and he that doth the Rauens feede,
Yea prouidently caters for the Sparrow,
Be comfort to my age: here is the gold,
All this I giue you, let me be your seruant,
Though I looke old, yet I am strong and lustie;
For in my youth I neuer did apply
Hot, and rebellious liquors in my bloud,
Nor did not with vnbashfull forehead woe,
The meanes of weaknesse and debilitie,
Therefore my age is as a lustie winter,
Frostie, but kindely; let me goe with you,
Ile doe the seruice of a yonger man
In all your businesse and necessities.

Orl. Oh good old man, how well in thee appeares
The constant seruice of the antique world,
When seruice sweate for dutie, not for meede:
Thou art not for the fashion of these times,
Where none will sweate, but for promotion,
And hauing that do choake their seruice vp,
Euen with the hauing, it is not so with thee:
But poore old man, thou prun'st a rotten tree,
That cannot so much as a blossome yeelde,
In lieu of all thy paines and husbandrie,
But come thy waies, weele goe along together,
And ere we haue thy youthfull wages spent,
Weele light vpon some setled low content.

Fünfhundert Taler sind, in Gold, mein Eigen
Die ich sparen konnte unter Eurem Vater
Vorsorge für die Zeit, da meine Knochen
Krumm und lahm mir ihren Dienst versagen
Und man das Alter in die Ecke wirft
Die nehmt, und Er, der Raben nährt, jawohl
Und für jeden Sperling sorgt, Er ist
Mein Alterstrost. Hier ist das Gold:
Mehr hab ich nicht. Laßt mich bei Euch in Dienst gehn
Seh ich auch alt aus, bin ich doch noch rüstig
Denn niemals hab ich, auch als junger Mensch nicht
Mein Blut mit schädlichem Getränk erhitzt
Noch handelte ich mit frivoler Kühnheit
Mir Aussicht ein auf Schwachsinn und Verfall.
Mein Alter ist ein klarer Wintertag
Frostig, aber sonnig. Nehmt mich mit
Und ich steh Euch zu Diensten wie ein Junger
Bei allem, was Ihr anstrebt und benötigt.
ORLANDO O, guter alter Mann, wie ganz verkörpert
In dir die alte Zeit sich, die noch wußte
Was ein Dienst ist, nämlich Pflicht, und nicht
Berechnung, wo der Knecht, dem Herrn ergeben
Der Treue, nicht des Lohnes wegen schwitzte.
Du paßt nicht in die Formen dieser Zeit
Wo alle Welt nur schwitzt, um hochzukommen
Und, ist das erreicht, den Dienst zum Dienst macht
Am Erreichten. Du bist nicht so. Aber
Alter Mann, der Baum, den du zurechtstutzt
Ist, so jung er ist, im Innern morsch
Und wird, so sehr du dich auch um ihn mühst
Dir nicht erblühen noch dir Früchte tragen.
Doch willst du, brechen wir gemeinsam auf

Ad. Master goe on, and I will follow thee
  To the last gaspe with truth and loyaltie,
  From seauentie yeeres, till now almost fourescore
  Here liued I, but now liue here no more
  At seauenteene yeeres, many their fortunes seeke
  But at fourescore, it is too late a weeke,
  Yet fortune cannot recompence me better
  Then to die well, and not my Masters debter.   *Exeunt.*

Scena Quarta.

*Enter Rosaline for Ganimed, Celia for Aliena, and
  Clowne, alias Touchstone.*

Ros. O *Iupiter*, how merry are my spirits?
Clo. I care not for my spirits, if my legges were not
  wearie.
Ros. I could finde in my heart to disgrace my mans
  apparell, and to cry like a woman: but I must comfort
  the weaker vessell, as doublet and hose ought to show it
  selfe coragious to petty-coate; therefore courage, good
  Aliena.

Cel. I pray you beare with me, I cannot goe no further.
Clo. For my part, I had rather beare with you, then
  beare you: yet I should beare no crosse if I did beare
  you, for I thinke you haue no money in your purse.
Ros. Well, this is the Forrest of *Arden*.
Clo. I, now am I in *Arden*, the more foole I, when I

Und eh dein lang Erspartes ausgegeben
Erlernen wir, bedürfnislos zu leben.
ADAM Herr, geht Ihr voran, ich folge Euch
Will bis zu meinem letzten Seufzer gleich
Ehrlich sein und treu. Ich war siebzehn
Als ich kam und muß mit achtzig gehn
Mit siebzehn sucht das junge Volk sein Glück
Mit achtzig dreht das Rad sich nicht zurück
Doch den Kranz soll Fortuna mir verleihn
Im Tod nicht Schuldner meines Herrn zu sein. *Beide ab.*

II, 4

Rosalind als Ganymed, Celia als Aliena, Prüfstein

ROSALIND O Jupiter, wie das die Lebensgeister stärkt!
CELIA Meine Lebensgeister wären mir wurst, wenn meine
Stelzen nur nicht so schwächeln würden.
ROSALIND Es wäre auch mir insoweit ein leichtes, mich als
Mannsbild insoweit zu beschämen und loszuheulen wie
nur ein Weib, aber ich habe dem schwächeren Geschlecht
ein Trost zu sein, insofern Jacke und Hose mehr Courage
an den Tag legen müssen als ein Unterrock: Also, meine
liebe Aliena, Courage!
CELIA Ich bitte euch, wartet auf mich, ich kann nicht mehr.
PRÜFSTEIN Mir für mein Teil fällt es leichter, hier auf Euch
zu warten, als Euch hier aufzuwarten. Solltet Ihr hier auf
mir warten wollen, kann ich nur sagen, ich bin keine
Bank, verstaut Eure Möpse anderswo.
ROSALIND Willkommen im Ardenner Wald.
PRÜFSTEIN Sehr wahr, ich bin in den Wald geraten, ich umso

was at home I was in a better place, but Trauellers must
be content.

Enter Corin and Siluius.

Ros. I, be so good *Touchstone*: Look you, who comes
here, a yong man and an old in solemne talke.

Cor. That is the way to make her scorne you still.
Sil. Oh *Corin*, that thou knew'st how I do loue her.
Cor. I partly guesse: for I haue lou'd ere now.
Sil. No *Corin*, being old, thou canst not guesse,
  Though in thy youth thou wast as true a louer
  As euer sigh'd vpon a midnight pillow:
  But if thy loue were euer like to mine,
  As sure I thinke did neuer man loue so:
  How many actions most ridiculous,
  Hast thou beene drawne to by thy fantasie?
Cor. Into a thousand that I haue forgotten.
Sil. Oh thou didst then neuer loue so hartily,
  If thou remembrest not the slightest folly,
  That euer loue did make thee run into,
  Thou hast not lou'd.
  Or if thou hast not sat as I doe now,
  Wearing thy hearer in thy Mistris praise,
  Thou hast not lou'd.
  Or if thou hast not broke from companie,
  Abruptly as my passion now makes me,
  Thou hast not lou'd.
  O *Phebe*, *Phebe*, *Phebe*.   *Exit.*
Ros. Alas poore Shepheard searching of thy wound,
  I haue by hard aduenture found mine owne.
Clo. And I mine: I remember when I was in loue, I
  broke my sword vpon a stone, and bid him take that for

größerer Narr. Daheim war ich passender verortet, aber wer verreist, muß schon vorlieb nehmen.

Corin, Silvius

ROSALIND Ja, bitte, nimm vorlieb, lieber Prüfstein. Da kommen welche. Ein junger Mensch und ein alter, in ein Gespräch vertieft.

CORIN Auf diesem Weg verachtet sie dich noch mehr.

SILVIUS O Corin, wüßtest du, wie ich sie liebe.

CORIN Ich kanns mir denken, weil ich selbst einst liebte.

SILVIUS Nein, Corin, Alter, kannst du nicht, warst du
Als Jüngling auch der größte Liebende
Der je ins Kissen seufzte mitternächtlich
Doch wenn deine Liebe meiner gleichkam
Was, wie ich sicher bin, nicht möglich ist
Dann sag mir eine alberne Verrenkung
Zu der dich deine Wünsche hingerissen.

CORIN 's warn tausende, nur hab ich sie vergessen.

SILVIUS O, dann war dein Herz nie bei der Sache!
Erinnerst du auch nicht die kleinste Torheit
Die du als Liebender begangen hast
Dann hast du nicht geliebt.
Hast du auch nicht, wie ich, im Grase sitzend
Die Hörer mit der Liebsten Preis ermüdet
Dann hast du nicht geliebt.
Machte deine Liebe dir nicht jählings
Gesellschaft unerträglich, wie jetzt mir
Dann hast du nicht geliebt.
O, Phoebe, Phoebe, Phoebe! *Ab.*

ROSALIND Ach, armer Schäfer, sprachst von deiner Wunde
Und ließest schmerzhaft mich die meine fühlen.

PRÜFSTEIN Und die meine mich. Ich erinner mich noch gut, wie ich mir, als ich verliebt war, den Degen an 'nem

comming a night to *Iane Smile*, and I remember the kissing of her batler, and the Cowes dugs that her prettie
chopt hands had milk'd; and I remember the wooing
of a peascod instead of her, from whom I tooke two
cods, and giuing her them againe, said with weeping
teares, weare these for my sake: wee that are true Louers, runne into strange capers; but as all is mortall in
nature, so is all nature in loue, mortall in folly.

Ros. Thou speak'st wiser then thou art ware of.
Clo. Nay, I shall nere be ware of mine owne wit, till
    I breake my shins against it.
Ros. *Ioue, Ioue*, this Shepherds passion,
    Is much vpon my fashion.
Clo. And mine, but it growes something stale with
    mee.
Cel. I pray you, one of you question yon'd man,
    If he for gold will giue vs any foode,
    I faint almost to death.
Clo. Holla; you Clowne.
Ros. Peace foole, he's not thy kinsman.
Cor. Who cals?
Clo. Your betters Sir.
Cor. Else are they very wretched.
Ros. Peace I say; good euen to you friend.
Cor. And to you gentle Sir, and to you all.
Ros. I prethee Shepheard, if that loue or gold
    Can in this desert place buy entertainment,
    Bring vs where we may rest our selues, and feed:
    Here's a yong maid with trauaile much oppressed,

Stein zerstieß und zu ihm sagte: Das hast du davon, nachts
bei Jane Smile einzusteigen, und ich erinner mich an 'n
Kuß, den ich ihrem Butterstößer aufgedrückt habe und
'nem Kuheuter, was ihre hübsch hornigen Hände gemol-
ken hatten. Und ich erinner mich, wie ich um eine Erbsen-
schote anhielt als wär sie das, aus welcher ich zwei Samen
rauspolkte und, indem ich sie ihr zurück gab, unter Tränen
sprach: Trage diese um meinetwillen. Ja, wir großen Ver-
liebenden vollführen seltsame Bocksprünge. Aber wie im
Leben alles endlich ist, so ist im Liebesleben alles unendlich
närrisch.

ROSALIND Du ahnst nicht, wie Recht du hast.

PRÜFSTEIN Nee, von meinem Rechthaben ahne ich nie etwas,
bis ich mir das Schienbein dran aufhaue.

ROSALIND Jupiter, Jupiter! Was dieser Schäfer sprach
Das spricht mein Herz ihm nach.

PRÜFSTEIN Und meins auch, obwohl, bei mir klingts leicht
muffig.

CELIA Kann bitte einer den Mann da fragen, ob er für Geld
was zu essen hat? Ich komm um vor Hunger.

PRÜFSTEIN He, du Trottel!

ROSALIND Ruhig, Prüfstein, nicht von dir auf andre schließen.

CORIN Wer ruft?

PRÜFSTEIN Jemand Besseres, Sir.

CORIN Da gings dem auch ganz schön schlecht, wenn nicht.

ROSALIND Ruhig, sag ich. Guten Abend, Freund.

CORIN Auch so, junger Herr, und Ihnen allen auch so.

ROSALIND Schäfer, läßt mit Geld und guten Worten
In dieser Wildnis Gastlichkeit sich kaufen
Dann führ uns bitte hin, daß wir uns stärken.
Die Reise hat die junge Dame hier

And faints for succour.

Cor. Faire Sir, I pittie her,
And wish for her sake more then for mine owne,
My fortunes were more able to releeue her:
But I am shepheard to another man,
And do not sheere the Fleeces that I graze:
My master is of churlish disposition,
And little wreakes to finde the way to heauen
By doing deeds of hospitalitie.

Besides his Coate, his Flockes, and bounds of feede
Are now on sale, and at our sheep-coat now
By reason of his absence there is nothing
That you will feed on: but what is, come see,
And in my voice most welcome shall you be.

Ros. What is he that shall buy his flocke and pasture?

Cor. That yong Swaine that you saw heere but erewhile,
That little cares for buying any thing.

Ros. I pray thee, if it stand with honestie,
Buy thou the Cottage, pasture, and the flocke,
And thou shalt haue to pay for it of vs.

Cel. And we will mend thy wages:
I like this place, and willingly could
Waste my time in it.

Cor. Assuredly the thing is to be sold:
Go with me, if you like vpon report,
The soile, the profit, and this kinde of life,
I will your very faithfull Feeder be,
And buy it with your Gold right sodainly.   *Exeunt.*

Stark angestrengt.

CORIN   Mein Herr, sie tut mir leid
Und ich wünschte, ihretwegen mehr
Als meinetwegen, ich wär so gestellt
Daß ich ihr helfen könnte. Doch ich bin
Kein selbstständiger Schäfer, und ich schere
Die Herde, die ich weide, nicht. Mein Herr
Ist engherzig und wenig drauf erpicht
Durch gastfreundliche Werke sich den Weg
Zum Himmel zu erobern. Außerdem
Stehn seine Kate, seine Herde und
Sein Weideland jetzt zum Verkauf
Und seit er in der Stadt ist, leben wir
In unsrer Schäferklause mehr als ärmlich.
Doch geht mit mir, seht selbst und seid willkommen.

ROSALIND Fand sich für Land und Tiere schon ein Käufer?

CORIN Der junge Schafhirt von vorhin, nur der hat
Grad völlig anderes im Sinn als Hauskauf.

ROSALIND Dann kauf doch du Haus, Weideland und Herde
Wenn ers nicht tut: Wir geben dir das Geld.

CELIA Und deinen Lohn erhöhen wir. Ich mags hier
Und könnte gut hier meine Zeit verbringen.

CORIN Meinen Herrn wirds freuen. Folgt mir. Wenn
Was ich Euch zeigen kann, Euch überzeugt
Der Boden, der Ertrag, die Art von Leben
Dann such ich ihn als Euer Makler auf
Und tätige von Eurem Gold den Kauf.   *Alle ab.*

Scena Quinta.

Enter, Amyens, Iaques, & others.

Song.

> *Vnder the greene wood tree,*
>   *who loues to lye with mee,*
> *And turne his merrie Note,*
>   *vnto the sweet Birds throte:*
> *Come hither, come hither, come hither:*
>   *Heere shall he see no enemie,*
> *But Winter and rough Weather.*

Iaq. More, more, I pre'thee more.

Amy. It will make you melancholly Monsieur *Iaques*

Iaq. I thanke it: More, I prethee more,
  I can sucke melancholly out of a song,
  As a Weazel suckes egges: More, I pre'thee more.

Amy. My voice is ragged, I know I cannot please
  you.

Iaq. I do not desire you to please me,
  I do desire you to sing:
  Come, more, another stanzo: Cal you'em stanzo's?

Amy. What you wil Monsieur *Iaques*.

Iaq. Nay, I care not for their names, they owe mee
  nothing. Wil you sing?

Amy. More at your request, then to please my selfe.

Iaq. Well then, if euer I thanke any man, Ile thanke
  you: but that they cal complement is like th'encounter
  of two dog-Apes. And when a man thankes me hartily,
  me thinkes I haue giuen him a penie, and he renders me
  the beggerly thankes. Come sing; and you that wil not

II, 5

Amiens, Jaques, Lords

AMIENS Wollt ihr in Waldes Schatten
  lagern auf grünen Matten
Und mit heitrem Singen
  gleich den Vöglein klingen
Kommt herbei, kommt herbei, kommt herbei:
  Mit uns vereint
  läßt jeglicher Feind
Bis auf Winter und Wind euch in Ruh.
JAQUES Weiter, ich flehe Euch, weiter.
AMIENS Monsieur Jaques, Sie werden mir melancholisch.
JAQUES Das will ich ja. Weiter, ich flehe Euch, weiter. Ich
  sauge mir Melancholie aus einem Lied wie ein Marder
  Eier aussaugt. Weiter, ich flehe Euch, weiter.
AMIENS Ich bin heiser: Ich werde Sie verärgern.

JAQUES Ich erwarte nicht, daß Ihr mich nicht verärgert, ich
  erwarte, daß Ihr singt. Kommt schon, weiter, die nächste
  Stanza: Nennt Ihr sie Stanza?
AMIENS Wie Sie es gern hätten, Monsieur Jaques.
JAQUES Ach was, wie sie heißen, interessiert mich nicht, sie
  schulden mir nichts. Singt Ihr nun?
AMIENS Weil Sie es wünschen, nicht, weil ich nicht heiser
  wäre.
JAQUES Fein, hätte ich je Grund, jemandem zu danken, wärt
  Ihr es. Der Austausch von Höflichkeiten ist eine Angele-
  genheit für Paviane. Und bedankt sich jemand bei mir,
  kommt es mir vor, als hätte ich ihm einen Penny gegeben
  und er stattet mir seinen Betteldank ab. Kommt, singt.

hold your tongues.

Amy. Wel, Ile end the song. Sirs, couer the while,
the Duke wil drinke vnder this tree; he hath bin all this
day to looke you.

Iaq. And I haue bin all this day to auoid him:
He is too disputeable for my companie:
I thinke of as many matters as he, but I giue
Heauen thankes, and make no boast of them.
Come, warble, come.

Song.   *Altogether heere.*
Who doth ambition shunne,
and loues to liue i'th Sunne:
Seeking the food he eates,
and pleas'd with what he gets:
Come hither, come hither, come hither,
Heere shall he see. &c.

Iaq. Ile giue you a verse to this note,
That I made yesterday in despight of my Inuention.
Amy. And Ile sing it.
Iaq. Thus it goes.
If it do come to passe, that any man turne Asse:
Leauing his wealth and ease,
A stubborne will to please,
Ducdame, ducdame, ducdame:
Heere shall he see, grosse fooles as he,
And if he will come to me.

Amy. What's that Ducdame?

Und wer nicht mitsingen will, hält den Schnabel.

AMIENS Schön, bringen wirs hinter uns. Sirs, deckt auf. Der Herzog beabsichtigt unter diesem Baum einen Umtrunk zu halten. Er war den ganzen Tag auf der Pirsch nach Ihnen.

JAQUES Und ich bin ihm den ganzen Tag aus dem Weg gegangen. Er ist mir zu geschwätzig. Mir geht ähnlich viel durch den Kopf wie ihm, aber ich danke still meinem Schöpfer und trage es nicht vor mir her. Kommt, nun trällert schon.

AMIENS Wenn ihr nach Macht nicht strebt
lieber im Sonnenschein lebt
Euch suchen wollt, was euch nährt
   und was euch die Erde schenkt, ehrt
Kommt herbei, kommt herbei, kommt herbei:
   Mit uns vereint
   läßt jeglicher Feind
Bis auf Winter und Wind euch in Ruh.

JAQUES Ich stifte Euch zu diesem Lied eine neue Strophe, die ich gestern ganz gegen meine Eingebung hergestellt habe.

AMIENS Und ich soll sie singen.

JAQUES Sie lautet so.
Kommts eines Tags hervor
   euer Eselsohr
Und in sturer Wut
   beschimpft ihr Hab und Gut
Ducadmi, ducadmi, ducadmi:
Hier findet ihr gleich
   Holzköpfe wie euch
Bei mir im Walde allhie.

AMIENS Was heißt Ducadmi?

Iaq. 'Tis a Greeke inuocation, to call fools into a circle. Ile go sleepe if I can: if I cannot, Ile raile against all
the first borne of Egypt.

Amy. And Ile go seeke the Duke,
His banket is prepar'd.   *Exeunt*

Scena Sexta.

Enter Orlando, & Adam.

Adam. Deere Master, I can go no further:
O I die for food. Heere lie I downe,
And measure out my graue. Farwel kinde master.
Orl. Why how now *Adam*? No greater heart in thee:
Liue a little, comfort a little, cheere thy selfe a little.
If this vncouth Forrest yeeld any thing sauage,
I wil either be food for it, or bring it for foode to thee:
Thy conceite is neerer death, then thy powers.
For my sake be comfortable, hold death a while
At the armes end: I wil heere be with thee presently,
And if I bring thee not something to eate,
I wil giue thee leaue to die: but if thou diest
Before I come, thou art a mocker of my labor.
Wel said, thou look'st cheerely,
And Ile be with thee quickly: yet thou liest
In the bleake aire. Come, I wil beare thee
To some shelter, and thou shalt not die
For lacke of a dinner,
If there liue any thing in this Desert.
Cheerely good *Adam*.   *Exeunt*

JAQUES Das ist Griechisch, eine Beschwörungsformel um Narren in den Kreis zu bannen. Ich lege mich schlafen, wenn ich kann: Wenn ich es nicht kann, soll alle Erstgeburt in Ägyptenland es büßen.

AMIENS Und ich gehe den Herzog suchen. Sein Bankett ist fertig.

II, 6

Orlando, Adam

ADAM Lieber, guter Herr, meine Füße wollen nicht mehr. Ich sterbe vor Hunger. Hier liege ich und nehme Maß für mein Grab. Lebt wohl, bester Herr.

ORLANDO Ja, was denn, Adam, du gibst schon auf? Mach ein bißchen Pause, ruh dich ein bißchen aus, heitere dich ein bißchen auf. Was immer dieser nicht ganz geheure Wald an Bestien hervorbringt, entweder fressen sie mich oder wir sie. Dein Kopf ist dem Tod gefälliger als deine Kräfte. Denk an mich, laß den Tod am steifen Arm verhungern. Ich bin im Handumdrehen wieder da, und bringe ich dir nichts zu essen mit, darfst du zum Ausgleich sterben, stirbst du jedoch, bevor ich zurück bin, fühle ich mich verarscht. Siehst du, schon lächelst du wieder, und ich bin sofort zurück. Du liegst mir hier zu ungeschützt, komm, ich trag dich wohin, wo du nicht so zu sehen bist, und sofern in dieser Wildnis sich irgendetwas Eßbares findet, sollst du mir auf keinen Fall an einem ausgefallenen Dinner sterben.

Scena Septima.

Enter Duke Sen. & Lord, like Out-lawes.

Du.Sen. I thinke he be transform'd into a beast,
For I can no where finde him, like a man.

1.Lord. My Lord, he is but euen now gone hence,
Heere was he merry, hearing of a Song.

Du.Sen. If he compact of iarres, grow Musicall,
We shall haue shortly discord in the Spheares:
Go seeke him, tell him I would speake with him.

Enter Iaques.

1.Lord. He saues my labor by his owne approach.

Du.Sen. Why how now Monsieur, what a life is this
That your poore friends must woe your companie,
What, you looke merrily.

Iaq. A Foole, a foole: I met a foole i'th Forrest,
A motley Foole (a miserable world:)
As I do liue by foode, I met a foole,
Who laid him downe, and bask'd him in the Sun,
And rail'd on Lady Fortune in good termes,
In good set termes, and yet a motley foole.
Good morrow foole (quoth I:) no Sir, quoth he,
Call me not foole, till heauen hath sent me fortune,
And then he drew a diall from his poake,
And looking on it, with lacke-lustre eye,
Sayes, very wisely, it is ten a clocke:
Thus we may see (quoth he) how the world wagges:
'Tis but an houre agoe, since it was nine,
And after one houre more, 'twill be eleuen,
And so from houre to houre, we ripe, and ripe,
And then from houre to houre, we rot, and rot,
And thereby hangs a tale. When I did heare

II, 7

Herzog Ferdinand, Lords

HERZOG Er muß sich in ein Tier verwandelt haben
Da er als Mensch nicht aufzufinden ist.
LORD 1 Mylord, er ist vor Kurzem hier gewesen
Und war vergnügt, weil er ein Lied gehört hat.
HERZOG Er ist ganz Mißklang. Wird er musikalisch
Dann klingen bald die Sphären dissonant.
Sucht weiter nach ihm, sagt, ich will ihn sprechen.

LORD 1 Er enthebt der Mühe mich per Auftritt.
HERZOG Was sind denn das für Zustände, Monsieur?
Entziehen Sie sich nun den Freunden auch?

JAQUES Ein Narr, ein Narr, da läuft ein Narr durchn Wald
Ein bunter Narr (wie grau die Welt doch ist!):
So wahr ich essen will, ein Narr stand vor mir
Der streckte sich so länglang in die Sonne
Und begann in wohlgesetzten Worten
Frau Fortuna zu beschimpfen, in
Sehr, sehr wohlgesetzten Worten, er
Ein bunter Narr. Ich sage: Guten Tag, Narr
Sagt er: Nennt mich erst Narr, wenn mir der Himmel
Frau Fortuna direkt auf die Knie setzt
Und zieht 'ne kleine Sonnenuhr hervor
Wirft einen Schielblick drauf und spricht bedeutend:
Es ist zehn Uhr. Woran wir sehen können
Spricht er, wie die Welt geht: Eine Stunde
Ist es her, da war es neun, und nach
Noch einer Stunde wird es elf Uhr sein
So reifen wir und reifen stundenweise

The motley Foole, thus morall on the time,
My Lungs began to crow like Chanticleere,
That Fooles should be so deepe contemplatiue:
And I did laugh, sans intermission
An houre by his diall. Oh noble foole,
A worthy foole: Motley's the onely weare.

Du.Sen. What foole is this?

Iaq. O worthie Foole: One that hath bin a Courtier
And sayes, if Ladies be but yong, and faire,
They haue the gift to know it: and in his braine,
Which is as drie as the remainder bisket
After a voyage: He hath strange places cram'd
With obseruation, the which he vents
In mangled formes. O that I were a foole,
I am ambitious for a motley coat.

Du.Sen. Thou shalt haue one.
Iaq. It is my onely suite,
Prouided that you weed your better iudgements
Of all opinion that growes ranke in them,
That I am wise. I must haue liberty
Withall, as large a Charter as the winde,
To blow on whom I please, for so fooles haue:
And they that are most gauled with my folly,
They most must laugh: And why sir must they so?
The why is plaine, as way to Parish Church:

Und stundenweise rotten wir und rotten
Und die Nutzanwendung hängt daneben.
Wie ich den bunten Narren so vom Zeitlauf
Sentenzieren hörte, fingen meine Lungen
Wie Gockelhähne mir zu krähen an
Und ich lachte sans intermission
Die nächste Stunde durch auf seiner Uhr
Darüber, daß ein Narr dermaßen tief schürft.
O, nobler Narr, ein Großnarr! Seine Karos
Sind das endgültige Muster.
HERZOG   Von wo
Kommt der Narr?
JAQUES   O nobler Narr, ein Hofnarr
Ein früherer, und sagt, sind Ladies nur
Recht jung und hübsch, dann haben sie die Gabe
Und erkennen ihn. In seinem Kopf
Der trocken ist wie ein Rest Schiffszwieback
Nach langer Fahrt, befinden Winkel sich
Versteckte, vollgekramt mit Wahrnehmungen
Die er in verdrehter Form veräußert.
O, wäre ich ein Narr. Mein Ehrgeiz zielt
Auf einen bunten Rock.
HERZOG   Den sollst du haben.
JAQUES Mehr will ich nicht, vorausgesetzt, Ihr jätet
Im Garten Eurer höhern Einsicht aus
Was darin wuchert: Euern Aberglauben
Ich sei abgeklärt. Ich brauche Libertät
Einen Freibrief, wie der Wind ihn hat
Den anzublasen, den ich mir erwähle
Denn das ist Narrenrecht, und wem die Galle
Bei meiner Narretei am stärksten hochkommt
Der muß am meisten lachen. Und warum, Sir?

Hee, that a Foole doth very wisely hit,
Doth very foolishly, although he smart
Seeme senselesse of the bob. If not,
The Wise-mans folly is anathomiz'd
Euen by the squandring glances of the foole.
Inuest me in my motley: Giue me leaue
To speake my minde, and I will through and through
Cleanse the foule bodie of th'infected world,
If they will patiently receiue my medicine.

Du.Sen. Fie on thee. I can tell what thou wouldst do.

Iaq. What, for a Counter, would I do, but good?

Du.Sen. Most mischeeuous foule sin, in chiding sin:
For thou thy selfe hast bene a Libertine,
As sensuall as the brutish sting it selfe,
And all th'imbossed sores, and headed euils,
That thou with license of free foot hast caught,
Would'st thou disgorge into the generall world.

Iaq. Why who cries out on pride,
That can therein taxe any priuate party:
Doth it not flow as hugely as the Sea,
Till that the wearie verie meanes do ebbe.
What woman in the Citie do I name,
When that I say the City woman beares
The cost of Princes on vnworthy shoulders?
Who can come in, and say that I meane her,
When such a one as shee, such is her neighbor?
Or what is he of basest function,
That sayes his brauerie is not on my cost,

Das Darum ist ersichtlich wie ein Kirchturm:
Fühlt wer vom Narren klüglich sich getroffen
Der wäre unklug, wenn er, auch wenns weh tat
Sich empfindlich zeigte. Tut ers doch
Dann deckt der Narr mit ungezieltem Spott
Gezielt des Klugen Narrheit auf. Nun steckt
Mich in mein Narrenkleid, gestattet mir
Das offne Wort, und, schluckt die Welt mein Mittel
So will ich ihr den kranken Leib kurieren
Durch und durch.
HERZOG   Du solltest dich was schämen!
Ich kann dir sagen, was du tätest.
JAQUES   Gutes
Was wohl sonst?
HERZOG   Du würdest sündigen
Als große Sündengeißel: Denn du selbst
Du warst ein Libertin, der Inbegriff
Tierhafter Sinnenlust, und all den Eiter
Und die faulen Säfte, die dein Freigeist
Dir zugezogen hat, die würdest du
In die Welt um dich herum erbrechen.
JAQUES Ja, kann, wer die Verschwendungssucht bekämpft
Noch länger Einzelne beschuldigen?
Steigert sie sich nicht wie sich das Meer hebt
Bis in allen Kassen Ebbe eintritt?
Was muß ich eine Bürgersfrau benamsen
Wenn ich behaupte, Bürgersfrauen tragen
Ohne Würde Adelsprunk zur Schau? Wer stellt
Sich hin und sagt, daß ich die eine meine
Wenn die aussieht wie ihre Nachbarinnen?
Oder nehmen wir den reichen Parvenü
Der glaubt, ich spieße ihn auf und mir vorhält

Thinking that I meane him, but therein suites
His folly to the mettle of my speech,
There then, how then, what then, let me see wherein
My tongue hath wrong'd him: if it do him right,
Then he hath wrong'd himselfe: if he be free,
why then my taxing like a wild-goose flies
Vnclaim'd of any Man. But who come here?

Enter Orlando.

Orl. Forbeare, and eate no more.

Iaq. Why I haue eate none yet.

Orl. Nor shalt not, till necessity be seru'd.

Iaq. Of what kinde should this Cocke come of?

Du.Sen. Art thou thus bolden'd man by thy distres?
    Or else a rude despiser of good manners,
    That in ciuility thou seem'st so emptie?

Orl. You touch'd my veine at first, the thorny point
    Of bare distresse, hath tane from me the shew
    Of smooth ciuility: yet am I in-land bred,
    And know some nourture: But forbeare, I say,
    He dies that touches any of this fruite,
    Till I, and my affaires are answered.

Iaq. And you will not be answer'd with reason,
    I must dye.

Du.Sen. What would you haue?
    Your gentlenesse shall force, more then your force
    Moue vs to gentlenesse.

Orl. I almost die for food, and let me haue it.

Du.Sen. Sit downe and feed, & welcom to our table

Orl. Speake you so gently? Pardon me I pray you,
    I thought that all things had bin sauage heere,
    And therefore put I on the countenance

Sein Prassen ginge nicht auf meine Kosten:
Ist er nicht ein Narr, der mich bestätigt?
Denn laßt doch sehn, wo ich ihm Unrecht tat:
Entweder praßt er und zeigt selbst sich an
Oder er praßt nicht, und meine Klage
Fliegt davon wie eine wilde Gans
Von niemandem vermißt. Doch wer kommt da?

Orlando

ORLANDO Stopp! Nicht mehr essen.

JAQUES Ja wie, ich aß noch nichts.

ORLANDO Und so bleibt es, bis die Not gestillt ist.

JAQUES Wo mag der Kampfhahn wohl entflogen sein?

HERZOG Ist es Verzweiflung, was dich so erkühnt?
Oder scheinst du drum so leer von Anstand
Weil du Manieren generell verabscheust?

ORLANDO Das erstre traf die Ader. Wie ein Dornbusch
Reißt die Verzweiflung mir den feinen Schleier
Ziviler Umgangsformen ab. Doch bin ich
Städtisch aufgewachsen und nicht völlig
Verroht. Stopp, sage ich, der stirbt, der auch nur
An eine dieser Früchte rührt, bevor
Dem, was ich hier will, entsprochen wurde.

JAQUES Entsprecht Ihr der Vernunft nicht, muß ich sterben.

HERZOG Was wollt Ihr denn? Fragt freundlich, dann erzwingt
Ihr Freundlichkeit von uns, mehr als durch Zwang.

ORLANDO Wenn ich nicht esse, sterbe ich, drum gebt.

HERZOG Setzt Euch und eßt. Willkommen an der Tafel.

ORLANDO So gütig sprecht Ihr? Dann vergebt mir, bitte.
Ich dachte, alles hier sei wild, und ich gezwungen
Selbst den wilden Mann zu spielen. Aber

Of sterne command'ment. But what ere you are
That in this desert inaccessible,
Vnder the shade of melancholly boughes,
Loose, and neglect the creeping houres of time:
If euer you haue look'd on better dayes:
If euer beene where bels haue knoll'd to Church:
If euer sate at any good mans feast:
If euer from your eye-lids wip'd a teare,
And know what 'tis to pittie, and be pittied:
Let gentlenesse my strong enforcement be,
In the which hope, I blush, and hide my Sword.

Du.Sen. True is it, that we haue seene better dayes,
And haue with holy bell bin knowld to Church,
And sat at good mens feasts, and wip'd our eies
Of drops, that sacred pity hath engendred:
And therefore sit you downe in gentlenesse,
And take vpon command, what helpe we haue
That to your wanting may be ministred.

Orl. Then but forbeare your food a little while:
Whiles (like a Doe) I go to finde my Fawne,
And giue it food. There is an old poore man,
Who after me, hath many a weary steppe
Limpt in pure loue: till he be first suffic'd,
Opprest with two weake euils, age, and hunger,
I will not touch a bit.

Duke Sen. Go finde him out.
And we will nothing waste till you returne.

Orl. I thanke ye, and be blest for your good comfort.

Du Sen. Thou seest, we are not all alone vnhappie:
This wide and vniuersall Theater
Presents more wofull Pageants then the Sceane

Wer ihr auch seid, die ihr als Waldbewohner
In schattiger Melancholie die Stunden
Der lahmen Zeit sorglos verstreichen laßt
Saht ihr je beßre Tage, lebtet je
Wo Glocken euch zur Kirche riefen, saßet
Je am Tisch von guten Menschen, habt euch
Vom Auge eine Träne je gewischt
Und Mitleid je gefühlt und je empfangen
Dann helfe eure Güte mir zur Stärke:
Das hoffend steck errötend ich mein Schwert ein.

HERZOG Es ist so, daß wir beßre Tage sahen
Und Glocken uns zur Kirche riefen, auch
Saßen wir am Tisch von guten Menschen
Und wischten aus dem Auge Tropfen, die uns
Das Mitleid, das geheiligte, hervorrief:
Drum setzt Euch nur in aller Freundschaft zu uns
Entscheidet frei, was von dem Unsrigen
Sich eignet, Eurem Mangel abzuhelfen.
ORLANDO Ich muß um einen kurzen Aufschub bitten
Muß, einer Ricke gleich, mein Kitz erst füttern:
Ein alter Mann ist in ergebner Treue
Die vielen Schritte mit mir hergehumpelt
Ihm, den ein doppelt Übel schwächt, das Alter
Und der Hunger, ihm muß ich zuerst
Genüge tun, bevor ich selber zugreif.
HERZOG Geht, helft ihm. Sorgt Euch nicht, wir warten.

ORLANDO Ich danke Euch, und Segen Eurer Güte.
HERZOG Wie du siehst, sind nicht nur wir unglücklich:
Das große kosmische Theater zeigt
Mehr betrübte Dramen als das unsre.

Wherein we play in.

Ia. All the world's a stage,
And all the men and women, meerely Players;
They haue their *Exits* and their Entrances,
And one man in his time playes many parts,
His Acts being seuen ages. At first the Infant,
Mewling, and puking in the Nurses armes:
Then, the whining Schoole-boy with his Satchell
And shining morning face, creeping like snaile
Vnwillingly to schoole. And then the Louer,
Sighing like Furnace, with a wofull ballad
Made to his Mistresse eye-brow. Then, a Soldier,

Full of strange oaths, and bearded like the Pard,
Ielous in honor, sodaine, and quicke in quarrell,
Seeking the bubble Reputation
Euen in the Canons mouth: And then, the Iustice
In faire round belly, with good Capon lin'd,
With eyes seuere, and beard of formall cut,
Full of wise sawes, and moderne instances,
And so he playes his part. The sixt age shifts
Into the leane and slipper'd Pantaloone,
With spectacles on nose, and pouch on side,
His youthfull hose well sau'd, a world too wide,
For his shrunke shanke, and his bigge manly voice,
Turning againe toward childish trebble pipes,
And whistles in his sound. Last Scene of all,
That ends this strange euentfull historie,
Is second childishnesse, and meere obliuion,
Sans teeth, sans eyes, sans taste, sans euery thing.

Enter Orlando with Adam.

JAQUES Alle Welt ist nichts als eine Bühne
Und Männer sind und Frauen bloße Mimen
Sie haben ihren Auftritt, ihren Abgang
Und spielen dabei mehr als eine Rolle
Die Akte sind die Lebensalter, sieben
Hat der Mann. Zuerst das Kleinkind, quäkend
Und spuckend auf dem Arm der Amme. Dann
Der quengelige Schulbub mit dem Ranzen
Frisch gekämmt, im Schneckengang lustlos
Zur Schule trödelnd. Und dann der Verliebte
Seufzend wie ein Ofen über Versen
Auf seine Einzige. Dann der Soldat
Voll fremder Flüche, bärtig wie ein Pardel
Ehrbegierig, kampfeslüstern sucht er
Seinen Kriegsruhm aufzublasen, seis auch
Aus Kanonenschlünden. Folgt der Richter:
Praller Rundbauch, mit Kapaun gemästet
Strengen Blicks mit wohlgetrimmtem Bart
Voll Spruchweisheit und Präzedenzien
So spielt er seinen Part. Das sechste Alter
Zeigt uns den hagren Pantalon in Schluffen
Brillennasig, Börse an der Hüfte
Die stets geschonte Hose mit den Jahren
Um eine Welt zu weit für dürre Schenkel
Und seine ehdem feste Männerstimme
Fällt zurück auf Kinderhöhe, fiept
Und fistelt. Allerletzter Akt, mit dem
Die kurios verworrne Chronik endet
Ist zweite Kindheit, völliges Vergessen:
Zahnlos, blicklos, leblos, alles los.
                    Orlando, Adam

Du Sen. Welcome: set downe your venerable burthen, and let him feede.
Orl. I thanke you most for him.

Ad. So had you neede,
   I scarce can speake to thanke you for my selfe.
Du.Sen. Welcome, fall too: I wil not trouble you,
   As yet to question you about your fortunes:
   Giue vs some Musicke, and good Cozen, sing.
                    Song.
   Blow, blow, thou winter winde,
   Thou art not so vnkinde, as mans ingratitude
   Thy tooth is not so keene, because thou art not seene,
   although thy breath be rude.
   Heigh ho, sing heigh ho, vnto the greene holly,
   Most frendship, is fayning; most Louing, meere folly:
   The heigh ho, the holly,
   This Life is most iolly.
   Freize, freize, thou bitter skie that dost not bight so nigh
   as benefitts forgot:
   Though thou the waters warpe, thy sting is not so sharpe,
   as freind remembred not.
   Heigh ho, sing, &c.

Duke Sen. If that you were the good Sir *Rowlands* son,
   As you haue whisper'd faithfully you were,
   And as mine eye doth his effigies witnesse,

HERZOG Willkommen. Setzt die ehrwürdige Last
Hierher, damit er essen kann.
ORLANDO   Ich danke
Euch an seiner Statt.
ADAM   Das müßt Ihr auch:
Mir fehlt, um selbst für mich zu danken, Luft.
HERZOG Willkommen und langt zu. Ich dringe nicht
Mit Fragen in Euch, was Euch zu uns bringt.
Macht uns Musik, und, lieber Vetter, sing.
AMIENS Bläh nur die Backen, Winterwind
Bist nicht so falsch gesinnt
    Wie Menschenhinterlist:
Dein Stoß verwundet nicht
Denn du trägst kein Gesicht
    So rauh dein Atem ist.
Hey-ho, singt Hey-ho, grün ist die Wahrheit
Freundschaft ist Täuschung, Liebe meist Narrheit
Drum Hey-ho der Wahrheit
Leben braucht Klarheit.
Zeigt nur die Zähne, Eis und Schnee
Der Biß tut nicht so weh
    Wie blinde Menschenwut:
Erstarrt auch Mark und Bein
Ihr dringt nicht auf uns ein
    Wie manch ein Feind es tut.
Hey-ho, singt Hey-ho, grün ist die Wahrheit
Freundschaft ist Täuschung, Liebe meist Narrheit
Drum Hey-ho der Wahrheit
Leben braucht Klarheit.
HERZOG Ihr seid ein Sohn des würdigen Sir Rowland?
Ists das, was Ihr mir eben zugeraunt habt?
Ja, nun legen mir die Augen Zeugnis

Most truly limn'd, and liuing in your face,
Be truly welcome hither: I am the Duke
That lou'd your Father, the residue of your fortune,
Go to my Caue, and tell mee. Good old man,
Thou art right welcome, as thy masters is:
Support him by the arme: giue me your hand,
And let me all your fortunes vnderstand.   *Exeunt.*

Actus Tertius. Scena Prima,

Enter Duke, Lords, & Oliuer.

Du. Not see him since? Sir, sir, that cannot be:
But were I not the better part made mercie,
I should not seeke an absent argument
Of my reuenge, thou present: but looke to it,
Finde out thy brother wheresoere he is,
Seeke him with Candle: bring him dead, or liuing
Within this tweluemonth, or turne thou no more
To seeke a liuing in our Territorie.
Thy Lands and all things that thou dost call thine,
Worth seizure, do we seize into our hands,
Till thou canst quit thee by thy brothers mouth,
Of what we thinke against thee.
Ol. Oh that your Highnesse knew my heart in this:
I neuer lou'd my brother in my life.
Duke. More villaine thou. Well push him out of dores
And let my officers of such a nature
Make an extent vpon his house and Lands:
Do this expediently, and turne him going.   *Exeunt*

Von seinem Bild in Euren Zügen ab!
Umso willkommener! Ich bin der Herzog
Der Euren Vater schätzte. Was Euch zustieß
In meiner Höhle müßt Ihr das berichten.
Mein Alter, wie Dein Herr bist du willkommen.
Stützt ihm den Arm. Und Ihr reicht mir die Hand
Auf die Erzählung bin ich sehr gespannt.

III, 1

Herzog Frederick, Oliver, Lords

HERZOG Ihn seither nicht gesehen? Sir, das kann
  Nicht sein, Sir, aber überwöge in mir
  Die Milde nicht, mein Zorn, er gälte dem
  Der da ist und nicht ihm, der fehlt. Doch Vorsicht!
  Such deinen Bruder, wo er immer sein mag
  Notfalls mit der Kerze, bring ihn mir
  Lebend oder tot, du hast zwölf Monde:
  Wo nicht, laß dich nie wieder bei uns blicken.
  Auf dein Land und deinen Wertbesitz
  Legen wir die Hand, bis uns dein Bruder
  Bezeugt, wir irren, wenn wir dir mißtrauen.

OLIVER O, sähe Eure Hoheit mir ins Herz:
  Mein Lebtag war der Bruder mir ein Feind.
HERZOG Das spricht noch lauter gegen dich. Werft ihn
  Zum Tor hinaus, und daß mir Landvermesser
  Sein Haus und seinen Grundbesitz erfassen
  Tut das zügig, und ihm selbst macht Beine.   *Alle ab.*

Enter Orlando.

Orl. Hang there my verse, in witnesse of my loue,
  And thou thrice crowned Queene of night suruey
  With thy chaste eye, from thy pale spheare aboue
  Thy Huntresse name, that my full life doth sway.
  O *Rosalind*, these Trees shall be my Bookes,
  And in their barkes my thoughts Ile charracter,
  That euerie eye, which in this Forrest lookes,
  Shall see thy vertue witnest euery where.
  Run, run *Orlando*, carue on euery Tree,
  The faire, the chaste, and vnexpressiue shee.   *Exit*
                    Enter Corin & Clowne.
Co. And how like you this shepherds life Mr *Touchstone?*

Clow. Truely Shepheard, in respect of it selfe, it is a
  good life; but in respect that it is a shepheards life, it is
  naught. In respect that it is solitary, I like it verie well:
  but in respect that it is priuate, it is a very vild life. Now
  in respect it is in the fields, it pleaseth mee well: but in
  respect it is not in the Court, it is tedious. As it is a spare
  life (looke you) it fits my humor well: but as there is no
  more plentie in it, it goes much against my stomacke.
  Has't any Philosophie in thee shepheard?
Cor. No more, but that I know the more one sickens,
  the worse at ease he is: and that hee that wants money,
  meanes, and content, is without three good frends. That
  the propertie of raine is to wet, and fire to burne: That
  pood pasture makes fat sheepe: and that a great cause of
  the night, is lacke of the Sunne: That hee that hath lear-

Orlando

ORLANDO Da hängst du, Vers, von meiner Liebe zeugend
Und du, der Nacht dreifache Königin
Sieh, dich aus dem bleichen Mondkreis neigend
Keusch auf den Namen deiner Nymphe hin
Der mich beherrscht. O Rosalind, die Bäume
Sind meine Bücher, und in ihre Rinde
Auf daß kein Waldbesucher es versäume
Schreibe ich, was ich für dich empfinde:
Lauf, lauf, Orlando, ziere jeden Stamm
Mit einem ihr geweihten Epigramm.   *Ab.*
                    Corin, Prüfstein
CORIN Und, Meister Prüfstein? wie gefällt Euch das Schäfer-
    leben?
PRÜFSTEIN Ehrlich, Schafhirt, an und für sich ist es prima,
    aber an und für mich ist es Quatsch. Ich mag es wegen sei-
    ner Ruhe, aber wegen seiner Friedhofsruhe hasse ichs.
    Weil es im Grünen ist, find ichs toll, aber weil der Hof
    fehlt, finde ichs öde. Das Sparsame kommt mir zupaß, aber
    das Frugale schlägt mir auf den Magen. Philosophierst du
    gern, Schafhirt?

CORIN Na ja, ich weiß, je kränker einer ist, desto lausiger
    geht's ihm, und hat er kein Geld, keine Arbeit und keine
    Wohnung, hat er drei gute Kumpel zu wenig. Daß der
    Regen die Naßmacht hat und das Feuer die Heißmacht,
    daß es die Weide ist, was das Vieh fett macht, und der tie-
    fere Grund der Nacht die fehlende Sonne ist. Daß, wer

ned no wit by Nature, nor Art, may complaine of good
breeding, or comes of a very dull kindred.

Clo. Such a one is a naturall Philosopher:
  Was't euer in Court, Shepheard?
Cor. No truly.
Clo. Then thou art damn'd.
Cor. Nay, I hope.
Clo. Truly thou art damn'd, like an ill roasted Egge,
  all on one side.
Cor. For not being at Court? your reason.
Clo. Why, if thou neuer was't at Court, thou neuer
  saw'st good manners: if thou neuer saw'st good maners,
  then thy manners must be wicked, and wickednes is sin,
  and sinne is damnation: Thou art in a parlous state shep-
  heard.
Cor. Not a whit *Touchstone*, those that are good ma-
  ners at the Court, are as ridiculous in the Countrey, as
  the behauiour of the Countrie is most mockeable at the
  Court. You told me, you salute not at the Court, but
  you kisse your hands; that courtesie would be vncleanlie
  if Courtiers were shepheards.
Clo. Instance, briefly: come, instance.
Cor. Why we are still handling our Ewes, and their
  Fels you know are greasie.
Clo. Why do not your Courtiers hands sweate? and
  is not the grease of a Mutton, as wholesome as the sweat
  of a man? Shallow, shallow: A better instance I say:
  Come.

Cor. Besides, our hands are hard.
Clo. Your lips wil feele them the sooner. Shallow a-

von Hause aus nix weiß oder dazu lernen konnte, sich wegen ungleicher Aufzucht beschweren muß, will er nicht wie ein Nachfahr von Schafen erscheinen.

PRÜFSTEIN Er hier ist ein Philosoph, ein geborener. Hast du je bei Hofe gelebt, Schafhirt?

CORIN Nein, beileibe nicht.

PRÜFSTEIN Dann wirst du in der Hölle gebraten.

CORIN Nee, ich will nicht hoffen.

PRÜFSTEIN Ehrlich, gebraten, und nur von einer Seite, wie ein schlecht gebratenes Landei.

CORIN Für nicht bei Hof leben? Euer Grund?

PRÜFSTEIN Ganz einfach: Du hast nie bei Hofe gelebt, folglich weißt du nichts von guten Manieren. Du weißt nichts von guten Manieren, folglich sind deine Manieren schlecht, und Schlechtigkeit ist Sünde und Sünde fährt zur Hölle. Du stehst am Abgrund, Schafhirt.

CORIN Kein Stück, Meister Prüfstein. Was bei Hof gute Manieren sind, das ist auf dem Land lächerlich, genauso, wie ländliche Manieren bei Hof lächerlich sind. Ihr selbst habt erzählt, daß ihr bei Hof euch ständig mit Handküssen begrüßt. Unter Schäfern wäre so eine Hofmanier schlecht.

PRÜFSTEIN Begründung, aber fix. Komm schon, Begründung.

CORIN Ganz einfach, wir packen unsere Schafe an, und ihr Fell, müssen Sie wissen, ist schmierig.

PRÜFSTEIN Ja und? Sind Höflingshände etwa nicht verschwitzt? Und ist der Schwitz von 'nem Hofherrn vielleicht unbekömmlicher als der Schmier von 'nem Schafbock? Dürftig, dürftig. 'ne bessere Begründung, komm schon.

CORIN Unsere Hände sind schwielig.

PRÜFSTEIN Umso mehr haben eure Lippen davon. Wiederum

gen: a more sounder instance, come.

Cor. And they are often tarr'd ouer, with the surgery
of our sheepe: and would you haue vs kisse Tarre? The
Courtiers hands are perfum'd with Ciuet.

Clo. Most shallow man: Thou wormes meate in respect of a good peece of flesh indeed: learne of the wise
and perpend: Ciuet is of a baser birth then Tarre, the
verie vncleanly fluxe of a Cat. Mend the instance Shepheard.

Cor. You haue too Courtly a wit, for me, Ile rest.

Clo. Wilt thou rest damn'd? God helpe thee shallow
man: God make incision in thee, thou art raw.

Cor. Sir, I am a true Labourer, I earne that I eate: get
that I weare; owe no man hate, enuie no mans happinesse: glad of other mens good content with my harme:
and the greatest of my pride, is to see my Ewes graze, &
my Lambes sucke.

Clo. That is another simple sinne in you, to bring the
Ewes and the Rammes together, and to offer to get your
liuing, by the copulation of Cattle, to be bawd to a Bel-
weather, and to betray a shee-Lambe of a tweluemonth
to a crooked-pated olde Cuckoldly Ramme, out of all
reasonable match. If thou bee'st not damn'd for this, the
diuell himselfe will haue no shepherds, I cannot see else
how thou shouldst scape.

Cor. Heere comes yong Mr *Ganimed*, my new Mistris-
ses Brother.

Enter Rosalind.

dürftig. Noch 'ne triftigere Begründung, mach schon.

CORIN Und oft sind sie teerig vom Verarzten unserer Schafe, und sollen wir Teer küssen? Höflingshände sind parfümiert mit Moschus.

PRÜFSTEIN Was für ein dürftiges Männlein! Verglichen mit einem gewitzten Stück Mannsfleisch, was für ein Wurmfraß! Lausche dem Weisen und bedenke: Unser Moschus ist von niedrigerer Geburt als euer Teer, ein stinkiger Ausfluß vom Arsch der Dingsbumskatze. Begründung flicken, Schafhirt.

CORIN Euer Witz ist mir zu hofmäßig, ich mach Pause.

PRÜFSTEIN Du willst gebraten werden? Dann helfe dir Gott, du verlorenes Ei. Bitte ihn, er möge dich verrühren, glibbrig wie du bist.

CORIN Sir, ich lebe von ehrlicher Arbeit. Was ich esse, verdiene ich mir, und was ich trage, habe ich bezahlt. Mich muß keiner hassen, so wie ich keinem sein Glück neide, im Gegenteil: Mich freut es, geht es anderen gut, und geht es mir schlecht, trage ichs mit Fassung. Und mein größter Stolz ist es, meine Schafe zu sehn, wie sie grasen und meine Lämmer, wie sie saugen.

PRÜFSTEIN Das ist doch wieder so eine Feld-, Wald- und Wiesensünde von dir: Schafe und Böcke zusammensperren und mit ihrer viehischen Begattung sein Geld verdienen wollen, fürn ollen Leithammel den Kuppler spielen und ein jähriges Lämmchen höchst widernatürlich von so einem krummgehörnten Zottelbock mißbrauchen zu lassen: Wenn du dafür nicht gebraten wirst, dann hat selbst der Teufel was gegen Schafhirten. Ich erspähe nicht, wie du könntest durchflutschen.

CORIN Da kommt der junge Herr Ganymed, von meiner neuen Herrin der Bruder.

Rosalind

Ros. From the east to westerne *Inde,*
    no iewel is like *Rosalinde,*
Hir worth being mounted on the winde,
    through all the world beares *Rosalinde.*
All the pictures fairest Linde,
    are but blacke to *Rosalinde:*
Let no face bee kept in mind,
    but the faire of *Rosalinde.*

Clo. Ile rime you so, eight yeares together; dinners,
    and suppers, and sleeping hours excepted: it is the right
    Butter-womens ranke to Market.

Ros. Out Foole.

Clo. For a taste.

If a Hart doe lacke a Hinde,
    Let him seeke out Rosalinde:
If the Cat will after kinde,
    so be sure will Rosalinde:
Wintred garments must be linde,
    so must slender Rosalinde:
They that reap must sheafe and binde,
    then to cart with Rosalinde.
Sweetest nut, hath sowrest rinde,
    such a nut is Rosalinde.
He that sweetest rose will finde,
    must finde Loues pricke, & Rosalinde.

This is the verie false gallop of Verses, why doe you in-
    fect your selfe with them?

Ros. Peace you dull foole, I found them on a tree.

Clo. Truely the tree yeelds bad fruite.

Ros. Ile graffe it with you, and then I shall graffe it
    with a Medler: then it will be the earliest fruit i'th coun-

ROSALIND Von hier bis nach Ostindien finde
   Ich kein Juwel wie Rosalinde
   Ihr Leuchten, reitend auf dem Wind
   Erfüllt die Welt mit Rosalind
   Die allerschönsten Bilder sind
   Rabenschwarz vor Rosalind
   Wer von Schönheit spricht ist blind
   Spricht er nicht von Rosalind.
PRÜFSTEIN Acht Jahre am Stück reime ich Euch sowas zusam-
   men, ausgenommen Essens- und Ruhepausen. Die Verse
   klappern wie die Stricknadeln von 'nem Marktweib.
ROSALIND Aus, Narr!
PRÜFSTEIN Eine Kostprobe:
   Sucht der Hirsch nach einer Hinde
   Zeigt ihm den Weg zu Rosalinde
   Wünscht die Katze sich ein Kind
   Macht sie es wie Rosalind
   Wer friert, braucht eine warme Decke
   Auch Rosalind dient diesem Zwecke
   Wozu sich auf dem Acker schinden
   Pflügen wir doch Rosalinden
   Die Träne in den Schnurrbart rinnt
   Zum Schneuzen schön ist Rosalind
   Rosalinde, schöne Rose
   Seh ich dich, stichts in der Hose.
   Das ist ein Versgalopp wie er nicht sein soll.
   Warum tut Ihr Euch das an?
ROSALIND Kusch, dummer Narr, ich fand das an einem Baum.
PRÜFSTEIN Der Baum bringt Euch weiß Gott recht saure
   Früchte.
ROSALIND Ich werde überall dich aufpfropfen, und dann
   pflücken wir Disteln vom Feigenbaum und Stechäpfel von

try: for you'l be rotten ere you bee halfe ripe, and that's
the right vertue of the Medler.

Clo. You haue said: but whether wisely or no, let the
Forrest iudge.

Enter Celia with a writing.

Ros. Peace, here comes my sister reading, stand aside.

Cel. Why should this Desert bee,
for it is vnpeopled? Noe:
Tonges Ile hang on euerie tree,
that shall ciuill sayings shoe.
Some, how briefe the Life of man
runs his erring pilgrimage,
That the stretching of a span,
buckles in his summe of age.
Some of violated vowes,
twixt the soules of friend, and friend:
But vpon the fairest bowes,
or at euerie sentence end;
Will I Rosalinda write,
teaching all that reade, to know
The quintessence of euerie sprite,
heauen would in little show.
Therefore heauen Nature charg'd,
that one bodie should be fill'd
With all Graces wide enlarg'd,
nature presently distill'd
Helens cheeke, but not his heart,
Cleopatra's *Maiestie:*

den Rebstöcken.

PRÜFSTEIN Ihr habt das letzte Wort. Obs ein kluges war oder
nicht, das weiß die Wildnis.

Celia

ROSALIND Kusch, meine Schwester naht, lesend. Geh zur Seite.

CELIA Muß dies eine Wüste sein
 Weil sie menschenleer ist? Nein:
Zungen gebe ich den Bäumen
 Verse künden diesen Räumen
Was es heißt, ein Mensch zu sein.
 Davon, wie das kurze Leben
Seine Pilgerfahrt durchirrt
 Kaum mehr als eine Spanne eben
Bis der Schluß gezogen wird.
 Davon, wie verletzte Treue
Freund von Freundesseele trennt
 Wie der Mensch in arger Schläue
Dumm in sein Verderben rennt.
 Aber unter schönen Zweigen
Und an jedes Sinnspruchs Schluß
 Will ich Rosalinda schreiben
Daß, wer da liest, erkennen muß:
 Hier hat der Himmel uns die Welt
Im Kleinen nach- und vorgestellt
 Der Natur hat er befohlen
Was an Gaben, sonst verstreut
 Sie in ihrem Reichtum beut
In den einen Leib zu holen.
 Und so mischte die Natur
Helenas holdrote Wangen
 Nicht ihr Herz, die Wangen nur

> Attalanta's *better part*,
>> *sad* Lucrecia's *Modestie.*
> *Thus* Rosalinde *of manie parts,*
>> *by Heauenly Synode was deuis'd,*
> *Of manie faces, eyes, and hearts,*
>> *to haue the touches deerest pris'd.*
> *Heauen would that shee these gifts should haue,*
>> *and I to liue and die her slaue.*

Ros. O most gentle Iupiter, what tedious homilie of
Loue haue you wearied your parishioners withall, and
neuer cri'de, haue patience good people.

Cel. How now backe friends: Shepheard, go off a little: go with him sirrah.

Clo. Come Shepheard, let vs make an honorable re-
treit, though not with bagge and baggage, yet with
scrip and scrippage.   *Exit.*

Cel. Didst thou heare these verses?

Ros. O yes, I heard them all, and more too, for some
of them had in them more feete then the Verses would
beare.

Cel. That's no matter: the feet might beare ye verses.

Ros. I, but the feet were lame, and could not beare
themselues without the verse, and therefore stood lame-
ly in the verse.

Cel. But didst thou heare without wondering, how
thy name should be hang'd and carued vpon these trees?

Ros. I was seuen of the nine daies out of the wonder,
before you came: for looke heere what I found on a

Atalantes Traumfigur
    Mit Lukrezias keuschem Bangen
Und Cleopatras Statur.
    So erschuf aus vielen Stücken
Des Himmels Ratschluß Rosalind
    Aus Gesichtern, Herzen, Blicken
    Wie sie ihm die liebsten sind
Und machte, da er ihr dies alles gab
Zu ihrem Sklaven mich bis an mein Grab.

ROSALIND O gütiger Jupiter, mit welch zähem Liebessermon ermüdest du deine Gemeinde, und rufst keinmal Geduld, verehrtes Publikum! dazwischen.

CELIA Ja, was denn? Hinweg, Freunde. Schäfer, gönn uns einen Moment, und du, Scherzkeks, gehst mit ihm.

PRÜFSTEIN Komm, Schafhirt, treten wir ehrenvoll den Rückzug an, wenn schon nicht mit Sang und Klang, so doch wenigstens mit Dreck und Speck.

Corin und Prüfstein ab.

CELIA Du vernahmst diese Verse?

ROSALIND O ja, ich vernahm sie alle, und noch mehr, denn mancher Vers hatte mehr Füße als er schleppen konnte.

CELIA Das macht nichts: Dann schleppen die Füße eben den Vers.

ROSALIND Ja, aber die Füße waren so lahm, daß der Vers sie mitschleppen mußte und so lähmten sie den Vers.

CELIA Du vernimmst, daß dein Name hier allerwege in Rinden geritzt wird und an Zweige gehängt und wunderst dich nicht?

ROSALIND Mich wunderte schon vor deinem Auftritt nichts mehr, denn lies, was ich an einer Palme fand: So zuge-

Palme tree; I was neuer so berimd since *Pythagoras* time
that I was an Irish Rat, which I can hardly remember.

Cel. Tro you, who hath done this?

Ros. Is it a man?

Cel. And a chaine that you once wore about his neck:
change you colour?

Ros. I pre'thee who?

Cel. O Lord, Lord, it is a hard matter for friends to
meete; but Mountaines may bee remoou'd with Earth-
quakes, and so encounter.

Ros. Nay, but who is it?

Cel. Is it possible?

Ros. Nay, I pre'thee
now, with most petitionary ve-
hemence, tell me who it is.

Cel. O wonderfull, wonderfull, and most wonderfull
wonderfull, and yet againe wonderful, and after that out
of all hooping.

Ros. Good my complection, dost thou think though
I am caparison'd like a man, I haue a doublet and hose in
my disposition? One inch of delay more, is a South-sea
of discouerie. I pre'thee tell me, who is it quickely, and
speake apace: I would thou couldst stammer, that thou
might'st powre this conceal'd man out of thy mouth, as
Wine comes out of a narrow-mouth'd bottle: either too
much at once, or none at all. I pre'thee take the Corke
out of thy mouth, that I may drinke thy tydings.

Cel. So you may put a man in your belly.

Ros. Is he of Gods making? What manner of man?
Is his head worth a hat? Or his chin worth a beard?

dichtet worden bin ich seit Pythagoras' Zeiten nicht
mehr, als sie meine arme Seele aus 'ner irischen Ratte be-
freiten, und zwar, wie damals üblich, durch Totreimen
der Ratte.

CELIA Ich frage Euch, wer tut so etwas?

ROSALIND Ein Mann vielleicht?

CELIA Vielleicht gar einer mit Eurer Kette um den Hals? Ihr
wechselt die Farbe?

ROSALIND Wer denn jetzt?

CELIA O Herr des Himmels, es finden nicht leicht zwei zueinander, doch ein Erdbeben rückt Berge zusammen.

ROSALIND Nun sag schon, wer!

CELIA Ist es möglich?

ROSALIND Wer, ich bitte dich dringend, sag mir, wer es ist.

CELIA O Wunder, ein Wunder, ein höchst wundersames
Wunder, ein Wunderwunder, gar nicht zum Sagen!

ROSALIND Meine Güte! Denkst du vielleicht, weil ich als ein
Mann ausstaffiert bin trage ich Jacke und Hose innerlich
auch? Ein Fingerbreit Aufschub kommt einer Weltreise
gleich! Sag so schnell du kannst, wer es ist: Könntest du
vielleicht stottern, das wär mir lieb, weil nämlich der
Mann aus deinem Mund zum Vorschein käme wie Wein
aus einer Enghalsflasche, entweder auf einmal oder gar
nicht. Bitte, bitte, entkorke dich und gib mir deine Bot-
schaft zu trinken.

CELIA So kämt Ihr zu 'nem Mann im Bauch.

ROSALIND Ist er das Ebenbild Gottes? Was für eine Art
Mann? Ist sein Kopf einen Hut wert? Oder sein Kinn

Cel. Nay, he hath but a little beard.

Ros. Why God will send more, if the man will bee
thankful: let me stay the growth of his beard, if thou
delay me not the knowledge of his chin.

Cel. It is yong *Orlando*, that tript vp the Wrastlers
heeles, and your heart, both in an instant.

Ros. Nay, but the diuell take mocking: speake sadde
brow, and true maid.

Cel. I'faith (Coz) tis he.

Ros. Orlando?

Cel. Orlando.

Ros. Alas the day, what shall I do with my doublet &
hose? What did he when thou saw'st him? What sayde
he? How look'd he? Wherein went he? What makes hee
heere? Did he aske for me? Where remaines he? How
parted he with thee? And when shalt thou see him a-
gaine? Answer me in one word.

Cel. You must borrow me Gargantuas mouth first:
'tis a Word too great for any mouth of this Ages size, to
say I and no, to these particulars, is more then to answer
in a Catechisme.

Ros. But doth he know that I am in this Forrest, and
in mans apparrell? Looks he as freshly, as he did the day
he Wrastled?

Cel. It is as easie to count Atomies as to resolue the
propositions of a Louer: but take a taste of my finding
him, and rellish it with good obseruance. I found him
vnder a tree like a drop'd Acorne.

Ros. It may wel be cal'd Ioues tree, when it droppes
forth fruite.

einen Bart?

CELIA Also, der Bart ist eher dünn.

ROSALIND Dann wird Gott ihm Wachstum schenken, wenn der Mann ihn darum bittet. Und das kann ich erwarten, aber nicht sein Kinn.

CELIA Es ist der junge Mann, der sowohl den Ringer als auch Euer Herz zu Fall gebracht hat: Orlando.

ROSALIND Zum Teufel mit der ewigen Juxerei! Mit blanker Stirn und klaren Worten: Wer?

CELIA Wie ich sage, Kusine, er.

ROSALIND Orlando?

CELIA Orlando.

ROSALIND Ach du Schreck! Wohin mit Jacke und Hose? Als du ihn sahst, was machte er? Was sagte er? Wie sah er aus? Was hatte er an? Was will er hier? Hat er nach mir gefragt? Wo wohnt er? Wie seid ihr verblieben? Wann trefft ihr euch wieder? Nur ein Wort!

CELIA Da müßt Ihr mir erst Gargantuas Großmaul ausleihen, das Wort ist zu riesig für einen Mund wie meinen. Mit Ja oder Nein läßt er sich jedenfalls nicht beantworten, dein Katechismus.

ROSALIND Aber weiß er, daß ich hier im Wald als Mann unterwegs bin? Sieht er so proper aus wie am Tag des Ringkampfs?

CELIA Es kann einer ebenso gut Atome zählen wollen wie den Launen eines Verliebten folgen. Hier gebe ich Euch eine Skizze unserer Begegnung, betrachtet sie in der Stille. Ich fand ihn unter einem Eichbaum, gleichsam wie eine herabgefallene Eichel.

ROSALIND Jupiters Baum: Wirft er solche Früchte ab, heißt er zu Recht so.

Cel. Giue me audience, good Madam.

Ros. Proceed.

Cel. There lay hee stretch'd along like a Wounded knight.

Ros. Though it be pittie to see such a sight, it well becomes the ground.

Cel. Cry holla, to the tongue, I prethee: it curuettes vnseasonably. He was furnish'd like a Hunter.

Ros. O ominous, he comes to kill my Hart.

Cel. I would sing my song without a burthen, thou bring'st me out of tune.

Ros. Do you not know I am a woman, when I thinke, I must speake: sweet, say on.

Enter Orlando & Iaques.

Cel. You bring me out. Soft, comes he not heere?

Ros. 'Tis he, slinke by, and note him.

Iaq I thanke you for your company, but good faith I had as liefe haue beene my selfe alone.

Orl. And so had I: but yet for fashion sake I thanke you too, for your societie.

Iaq. God buy you, let's meet as little as we can.

Orl. I do desire we may be better strangers.

Iaq. I pray you marre no more trees with Writing Loue-songs in their barkes.

Orl. I pray you marre no moe of my verses with reading them ill-fauouredly.

Iaq. *Rosalinde* is your loues name? *Orl.* Yes, Iust.

Iaq. I do not like her name.

Orl. There was no thought of pleasing you when she

CELIA Gewährt mir Gehör, wertes Fräulein.

ROSALIND Gewährt.

CELIA Da lag er ausgestreckt wie der sterbende Ritter.

ROSALIND Stimmt der Anblick auch traurig, macht er sich
doch gewiß gut.

CELIA Zügle deine Zunge, sie hüpft dir zur Unzeit. Sein
Kleid war das eines Jägersmannes.

ROSALIND O Vorbedeutung, sein Wild ist mein Herz.

CELIA Könnte ich mein Lied wohl ohne deine Einsätze singen? Du bringst mich völlig raus.

ROSALIND Vergiß nicht, ich bin eine Frau: Wenn sie denken, schnattern sie. Fahre fort, liebes Herz.

Orlando, Jaques

CELIA Du bringst mich raus. Still. Ist er das nicht?

ROSALIND Er ist es. Wir schlagen uns in die Büsche.

JAQUES Mit dem Dank für Ihre Gesellschaft verbinde ich die
Versicherung, daß ich ebenso gern allein geblieben wäre.

ORLANDO Genau wie ich, aber aus Gründen des guten Tons
bedanke auch ich mich für Ihre Gesellschaft.

JAQUES Gott sei mit Ihnen, wir wollen uns so selten treffen
wie wir können.

ORLANDO Geht es nach mir, bleiben wir Fremde.

JAQUES Ich muß Sie allerdings bitten, nicht noch mehr
Bäume durch verliebte Einkerbungen der Rinde zu schädigen.

ORLANDO Ich muß Sie allerdings bitten, nicht noch mehr
meiner Verse durch hämischen Vortrag zu schädigen.

JAQUES Der Name Ihrer Angebeteten lautet Rosalind?

ORLANDO Korrekt.

JAQUES Ich mag ihren Namen nicht.

ORLANDO Bei ihrer Taufe war nicht geplant, Ihren Ge-

was christen'd.

Iaq. What stature is she of?

Orl. Iust as high as my heart.

Iaq. You are ful of prety answers: haue you not bin acquainted with goldsmiths wiues, & cond the⁻ out of rings

Orl. Not so: but I answer you right painted cloath,
from whence you haue studied your questions.

Iaq. You haue a nimble wit; I thinke 'twas made of
Attalanta's heeles. Will you sitte downe with me, and
wee two, will raile against our Mistris the world, and all
our miserie.

Orl. I wil chide no breather in the world but my selfe
against whom I know most faults.

Iaq. The worst fault you haue, is to be in loue.

Orl. 'Tis a fault I will not change, for your best vertue: I am wearie of you.

Iaq. By my troth, I was seeking for a Foole, when I
found you.

Orl. He is drown'd in the brooke, looke but in, and
you shall see him.

Iaq. There I shal see mine owne figure.

Orl. Which I take to be either a foole, or a Cipher.

Iaq. Ile tarrie no longer with you, farewell good signior Loue.

Orl. I am glad of your departure: Adieu good Monsieur Melancholly.

Ros. I wil speake to him like a sawcie Lacky. and vnder that habit play the knaue with him, do you hear For-

Orl. Verie wel, what would you?   (rester.

Ros. I pray you, what i'st a clocke?

Orl. You should aske me what time o'day: there's no

schmack zu treffen.

JAQUES Ist sie groß? Ist sie klein?

ORLANDO Sie reicht mir bis an das Herz.

JAQUES Sie stecken voller hübscher Aussprüche. Bevorzugen Sie
Goldschmiedegattinnen und memorieren ihre Ringgravuren?

ORLANDO Nicht direkt. Ich antworte nur im Stil jener bestick-
ten Küchenbehänge, von denen Sie Ihre Fragen ablesen.

JAQUES Prompt ist er mit seinen Retourkutschen, als hätten sie
Atalantas Haxen. Wollen wir uns niedersetzen und gemeinsam über Frau Welt herziehen und all unser Elend?

ORLANDO Ich ziehe über kein atmendes Etwas her außer mir,
an dem ich die meisten Fehler finde.

JAQUES Ihr schwerster Fehler ist Ihre Verliebtheit.

ORLANDO Ein Fehler, den ich gegen Ihre höchste Vernunft
nicht tauschen werde. Sie langweilen mich.

JAQUES Wahrlich, ich war auf der Suche nach einem Narren
und treffe Sie.

ORLANDO Ihr Narr ist im Teich ertrunken. Blicken Sie hinein
und Sie sehn ihn.

JAQUES Da sehe ich leider nichts außer mir.

ORLANDO Wie ich sagte: Entweder ein Narr oder ein Nichts.

JAQUES Ich vertue hier meine Zeit. Leben Sie wohl, Signior
Amoroso.

ORLANDO Ihr Abgang wärmt mich. Adieu, Monsieur Melan-
cholicus.   *Jaques ab.*

ROSALIND Ich quassle ihn an wie ein unverschämter Domestik
und spiele so Katz und Maus mit ihm. He, Waldmensch!
Verstehst du mich?

ORLANDO Sehr gut. Ihr wünscht?

ROSALIND Was, bitte, ist die Uhr?

ORLANDO Ein Ding, das die Stunden anzeigt. Fragt nach der

clocke in the Forrest.

Ros. Then there is no true Louer in the Forrest, else
sighing euerie minute, and groaning euerie houre wold
detect the lazie foot of time, as wel as a clocke.

Orl. And why not the swift foote of time? Had not
that bin as proper?

Ros. By no meanes sir; Time trauels in diuers paces,
with diuers persons: Ile tel you who Time ambles withall, who Time trots withal, who Time gallops withal,
and who he stands stil withall.

Orl. I prethee, who doth he trot withal?

Ros. Marry he trots hard with a yong maid, between
the contract of her marriage, and the day it is solemnizd:
if the interim be but a sennight, Times pace is so hard,
that it seemes the length of seuen yeare.

Orl. Who ambles Time withal?

Ros. With a Priest that lacks Latine, and a rich man
that hath not the Gowt: for the one sleepes easily because he cannot study, and the other liues merrily, because he feeles no paine: the one lacking the burthen of
leane and wasteful Learning; the other knowing no burthen of heauie tedious penurie. These Time ambles
withal.

Orl. Who doth he gallop withal?

Ros. With a theefe to the gallowes: for though hee
go as softly as foot can fall, he thinkes himselfe too soon
there.

Orl. Who staies it stil withal?

Ros. With Lawiers in the vacation: for they sleepe
betweene Terme and Terme, and then they perceiue not
how time moues.

Tageszeit. Im Wald ist keine Uhr zu finden.

ROSALIND Dann ist im Wald auch kein wahrhaft Verliebter zu
finden, andernfalls sollten uns ein Seufzer pro Minute und
ein Aufstöhnen pro Stunde den Kriechgang der Zeit so gut
abmessen wie eine Uhr.

ORLANDO Und warum nicht den Schnellgang der Zeit? Wäre
das nicht ebenso passend?

ROSALIND Durchaus nicht, Sir. Die Zeit geht für andere Perso-
nen anders. Ich kann Ihnen sagen, für wen die Zeit Schritt
geht, für wen sie leicht trabt, für wen sie galoppiert und für
wen sie stillsteht.

ORLANDO Bitte sehr, für wen geht sie Schritt?

ROSALIND Sie geht Schritt zum Beispiel für ein junges Mädchen
zwischen der Festsetzung seines Hochzeitstags und der
Hochzeitsfeier. Und seien es nur sieben Tage, der Schritt der
Zeit sorgt dafür, daß sie sich anfühlen wie sieben Jahre.

ORLANDO Für wen trabt sie leicht?

ROSALIND Für einen Dorfpfarrer, der kein Latein kann, oder
einen Reichen, den nicht die Gicht plagt. Ersterer schläft
gut, weil er nicht nächtelang Bücher wälzen muß, der zweite
lebt vergnügt, weil er keine Schmerzen fühlt. Der eine trägt
nicht die Last eines öden und unnützen Studiums, der andere
nicht die sorgenschwere Last der Armut. Für die trabt die
Zeit leicht.

ORLANDO Für wen galoppiert sie?

ROSALIND Für den Dieb auf dem Weg zum Galgen: Denn wäre
er auch ein Meister im Langsamgehen, er kommt immer
noch zu früh an.

ORLANDO Und für wen steht sie still?

ROSALIND Für Advokaten während der Gerichtsferien. Denn
da schlafen sie durch und merken nicht, wie die Zeit ver-
geht.

Orl. Where dwel you prettie youth?

Ros. With this Shepheardesse my sister: heere in the
skirts of the Forrest, like fringe vpon a petticoat.

Orl. Are you natiue of this place?

Ros. As the Conie that you see dwell where shee is
kindled.

Orl. Your accent is something finer, then you could
purchase in so remoued a dwelling.

Ros. I haue bin told so of many: but indeed, an olde
religious Vnckle of mine taught me to speake, who was
in his youth an inland man, one that knew Courtship too
well: for there he fel in loue. I haue heard him read many Lectors against it, and I thanke God, I am not a Woman to be touch'd with so many giddie offences as hee
hath generally tax'd their whole sex withal.

Orl. Can you remember any of the principall euils,
that he laid to the charge of women?

Ros. There were none principal, they were all like
one another, as halfe pence are, euerie one fault seeming
monstrous, til his fellow-fault came to match it.

Orl. I prethee recount some of them.

Ros. No: I wil not cast away my physick, but on those
that are sicke. There is a man haunts the Forrest, that a-
buses our yong plants with caruing *Rosalinde* on their
barkes; hangs Oades vpon Hauthornes, and Elegies on
brambles; all (forsooth) defying the name of *Rosalinde*.
If I could meet that Fancie-monger, I would giue him
some good counsel, for he seemes to haue the Quotidian
of Loue vpon him.

ORLANDO Wo wohnt ein gutaussehender junger Mann wie Sie hier herum?

ROSALIND Bei der Schafhirtin hier, meiner Schwester, am Saum des Waldes wie Spitzenborte am Unterrock.

ORLANDO Sind Sie hier geboren?

ROSALIND Wie ein Karnickel: Wo es geworfen wird, da buddelt es.

ORLANDO Sie drücken sich gewandter aus, als man an so abgelegenem Ort vermuten würde.

ROSALIND Da sind Sie nicht der erste, der mir das sagt. Aber es stimmt, das Reden hat mir ein alter Eremit von Onkel beigebracht, der in seiner Jugend in der Stadt gelebt hatte und den Hof nur zu gut kannte, weil er ihm eine Liebesenttäuschung verdankte. Er hielt mir darüber zahllose Vorträge und ich danke meinem Schöpfer, daß ich keine Frau bin, bei den vielen unfaßlichen Anschuldigungen, die er generell gegen unser Geschlecht erhob.

ORLANDO Können Sie sich an eines der Hauptübel erinnern, dessen er die Frauen anklagte?

ROSALIND 's gab keine Hauptübel, sie glichen sich wie ein Penny dem andern, jedes einzelne ungeheuerlich, bis sein Nachbarübel es in den Schatten stellte.

ORLANDO Tun Sie mir den Gefallen und zählen ein paar auf.

ROSALIND No. Ich muß meine Kenntnisse bei solchen anwenden, die krank sind. Hier geistert durch unseren Wald ein Bursche, der Baumfrevel begeht, indem er den Vornamen Rosalind in Rinden ritzt, Oden aufhängt am Hagedorn und Elegien an den Brombeeren, und alles das, ob Sies glauben oder nicht, zu Lob und Preis dieser Rosalind. Den würde ich verarzten, wenn er mir unterkäme, diesen Vertreter für Schmachtreime, denn er leidet scheints an Liebeschüttelfrost.

Orl. I am he that is so Loue-shak'd, I pray you tel
me your remedie.

Ros. There is none of my Vnckles markes vpon you:
he taught me how to know a man in loue: in which cage
of rushes, I am sure you art not prisoner.

Orl. What were his markes?

Ros. A leane cheeke, which you haue not: a blew eie
and sunken, which you haue not: an vnquestionable spirit, which you haue not: a beard neglected, which you
haue not: (but I pardon you for that, for simply your hauing in beard, is a yonger brothers reuennew) then your
hose should be vngarter'd, your bonnet vnbanded, your
sleeue vnbutton'd, your shoo vnti'de, and euerie thing
about you, demonstrating a carelesse desolation: but you
are no such man; you are rather point deuice in your ac-
coustrements, as louing your selfe, then seeming the Lo-
uer of any other.   (I Loue.

Orl. Faire youth, I would I could make thee beleeue

Ros. Me beleeue it? You may assoone make her that
you Loue beleeue it, which I warrant she is apter to do,
then to confesse she do's: that is one of the points, in the
which women stil giue the lie to their consciences. But
in good sooth, are you he that hangs the verses on the
Trees, wherein *Rosalind* is so admired?

Orl. I sweare to thee youth, by the white hand of
Rosalind, I am that he, that vnfortunate he.

Ros. But are you so much in loue, as your rimes speak?

Orl. Neither rime nor reason can expresse how much.

ORLANDO Der, den die Liebe so schüttelt, bin ich. Ich flehe Sie an, nennen Sie mir ein Gegenmittel.

ROSALIND Keines der Anzeichen, von denen mein Onkel sprach, ist an Ihnen ablesbar. Er lehrte mich, bei einem Mann Liebe zu diagnostizieren, und ich kann Ihnen versichern, Sie sind in diesem Strohkäfig kein Häftling.

ORLANDO Was sind die Anzeichen?

ROSALIND Wangen eingefallen – haben Sie nicht; Augenringe, Blicke glanzlos – haben Sie nicht; unansprechbar – sind Sie nicht; Bart verwahrlost – nicht bei Ihnen (obwohl, das zählt nicht, denn Ihr Bartvermögen gleicht dem Erbteil eines Zweitgeborenen). Ferner müßten Ihnen die Strümpfe rutschen, der Hut schief sitzen, mehrere Knöpfe fehlen, die Schnürsenkel gerissen sein, und alles an Ihnen müßte von trostlosester Vernachlässigung sprechen. Aber so sehen Sie nicht aus. Sie sind picobello in Schale, mehr wie Ihr eigener Liebhaber als der von jemand anderem.

ORLANDO Was muß ich tun, mein schöner junger Wunderdoktor, um dich davon zu überzeugen, daß ich liebe?

ROSALIND Mich? Sie sollten besser die überzeugen, die Sie lieben, Obwohl die Dame garantiert schneller davon überzeugt sein wird als bereit, es auch zuzugeben. Das ist einer der Punkte meines Onkels, daß Frauen gerade ihre aufrichtigsten Gefühle vor sich und aller Welt verheimlichen. Aber im Ernst: Sie sind der, der rings die Bäume mit Versen behängt, in denen eine Rosalind angehimmelt wird?

ORLANDO Bei Rosalinds schneeweißer Hand, ich schwöre dir, Junge, der bin ich, der Unglückliche.

ROSALIND Und Sie sind wirklich so verliebt wie Ihre Verse tönen?

ORLANDO Nicht Vers noch Prosa vermag zu sagen, wie sehr.

Ros: Loue is meerely a madnesse, and I tel you, deserues as wel a darke house, and a whip, as madmen do:
and the reason why they are not so punish'd and cured, is
that the Lunacie is so ordinarie, that the whippers are in
loue too: yet I professe curing it by counsel.

Orl. Did you euer cure any so?

Ros. Yes one, and in this manner. Hee was to ima-
gine me his Loue, his Mistris: and I set him euerie day
to woe me. At which time would I, being but a moonish
youth, greeue, be effeminate, changeable, longing, and
liking, proud, fantastical, apish, shallow, inconstant, ful
of teares, full of smiles; for euerie passion something, and
for no passion truly any thing, as boyes and women are
for the most part, cattle of this colour: would now like
him, now loath him: then entertaine him, then forswear
him: now weepe for him, then spit at him; that I draue
my Sutor from his mad humor of loue, to a liuing humor
of madnes, w⁻ was to forsweare the ful stream of yᵉ world,
and to liue in a nooke meerly Monastick: and thus I cur'd
him, and this way wil I take vpon mee to wash your Li-
uer as cleane as a sound sheepes heart, that there shal not
be one spot of Loue in't.

Orl. I would not be cured, youth.

Ros. I would cure you, if you would but call me *Rosalind*, and come euerie day to my Coat, and woe me.

Orlan. Now by the faith of my loue, I will; Tel me

ROSALIND Ein Verliebter ist ein Irrer, sage ich Ihnen, und verdient eine Dunkelzelle und die Peitsche wie andere Irre auch, und der ganze Grund dafür, daß man sie nicht so straft und heilt, besteht darin, daß dieser Wahnwitz so verbreitet ist, daß selbst ihre Wärter verliebt sind. Ich aber heile anders, ich heile mittels gutem Rat.

ORLANDO Sie haben schon wen geheilt so?

ROSALIND Jawohl, einen, und zwar auf diese Weise: Er mußte sich vorstellen, ich sei seine große Liebe, sei die Herrin seines Herzens, und ich gab ihm auf, jeden Tag um mich zu werben. Ich kann ein ziemlich launischer Bursche sein, und so war ich mal vergnatzt, mal exaltiert, mal sehnsuchtsvoll und anschmiegsam, dann wieder hochnäsig, spinnert, affig, leichtsinnig, unberechenbar, heute rührselig, morgen albern, kurz, stimmungsmäßig von allem etwas und nichts richtig, genau die Sorte Fleckvieh, zu der Mädchen zählen, wenn sie wissen, ein Junge hat angebissen. Eben noch zutraulich, im nächsten Moment widerspenstig, erst ihn bekochend, dann nicht zu Hause, bald heulte ich mir die Augen nach ihm aus, dann wieder spuckte ich auf ihn, und trieb meinem Verehrer nach und nach seine irre Anwandlung von Liebe aus zugunsten einer allerliebsten Anwandlung von Irrsinn, denn er entsagte dem Strom des Lebens und fristete sein Dasein in einem Mönchswinkel. So kurierte ich ihn, und ich mache mich anheischig, auch Ihnen auf diese Weise die Leber zu waschen, bis sie so robust und gesund ist wie ein Schafsherz und nicht geschwollen vor Liebe.

ORLANDO Ich bin nicht heilbar, Junge.

ROSALIND Sie sind, und zwar durch mich, vorausgesetzt Sie reden mich mit Rosalind an und kommen zu meinem Häuschen und werben um mich und zwar jeden einzelnen Tag.

ORLANDO Gut. So wahr ich Rosalind liebe, ich werde

where it is.

Ros. Go with me to it, and Ile shew it you: and by
the way, you shal tell me, where in the Forrest you liue:
Wil you go?

Orl. With all my heart, good youth.

Ros. Nay, you must call mee *Rosalind*: Come sister,
will you go?   *Exeunt.*

Scœna Tertia.

Enter Clowne, Audrey, & Iaques.

Clo. Come apace good *Audrey*, I wil fetch vp your
Goates, *Audrey*: and how *Audrey* am I the man yet?
Doth my simple feature content you?

Aud. Your features, Lord warrant vs: what features?

Clo. I am heere with thee, and thy Goats, as the most
capricious Poet honest *Ouid* was among the Gothes.

Iaq. O knowledge ill inhabited, worse then Ioue in
a thatch'd house.

Clo. When a mans verses cannot be vnderstood, nor
a mans good wit seconded with the forward childe, vnderstanding: it strikes a man more dead then a great reckoning in a little roome: truly, I would the Gods hadde
made thee poeticall.

Aud. I do not know what Poetical is: is it honest in
deed and word: is it a true thing?

Clo. No trulie: for the truest poetrie is the most fai-
ning, and Louers are giuen to Poetrie: and what they
sweare in Poetrie, may be said as Louers, they do feigne.

kommen. Sag mir, wo es liegt.

ROSALIND Begleiten Sie mich und ich zeigs Ihnen. Und auf dem Weg erzählen Sie mir, wo im Wald Sie wohnen.

ORLANDO Von Herzen gern, mein Lieber.

ROSALIND Nicht doch: Von Herzen gern, Rosalind. Komm, Schwesterherz, gehst du nicht mit?

III, 3

Prüfstein, Traute, Jaques

PRÜFSTEIN Schwing die Keulen, trautes Trautchen, ich treib sie dir zusammen, deine Zicklein, Traudl, nur sag, Traude-line, bin ich noch der Wahre? Stellt mein schlichtes Gestell dich zufrieden?

TRAUTE Euer Gestell, Gott behüte! Was fürn Gestell?

PRÜFSTEIN Gell, ich bin dir und deinen Geißen so fremd wie Roms Dichter, der liederliche Geißbock Ovid, den Goten.

JAQUES O, übel behauste Weisheit, ärger als Jupiter in Phile-mons ärmlicher Hütte.

PRÜFSTEIN Wird eines Mannes Vers nicht mehr verstanden, und kann eines Mannes Verstand sich nicht länger stützen auf den altklugen Knaben Verständnis, ehrlich, das schlägt den Mann gründlicher tot als ein großer Streit in einem kleinen Zimmer. Wahrlich, ich wollte, die Götter hätten dich poetisch gemacht.

TRAUTE Poetisch? Ich weiß nich, was das is. Isses was Anstän-diges zum Tun und zum Sagen? Was Reelles?

PRÜFSTEIN Nein, ehrlich nicht: Denn die reellste Poesie ist die ausgedachteste, und Verliebte stehen auf Poesie, und also läßt sich sagen, was Verliebte Poetisches schwören ist reell

Aud. Do you wish then that the Gods had made me
 Poeticall?

Clow. I do truly: for thou swear'st to me thou art honest: Now if thou wert a Poet, I might haue some hope
 thou didst feigne.

Aud. Would you not haue me honest?

Clo. No truly, vnlesse thou wert hard fauour'd: for
 honestie coupled to beautie, is to haue Honie a sawce to
 Sugar.

Iaq. A materiall foole.

Aud. Well, I am not faire, and therefore I pray the
 Gods make me honest.

Clo. Truly, and to cast away honestie vppon a foule
 slut, were to put good meate into an vncleane dish.

And. I am not a slut, though I thanke the Goddes I
 am foule.

Clo. Well, praised be the Gods, for thy foulnesse; slut-
 tishnesse may come heereafter. But be it, as it may bee,
 I wil marrie thee: and to that end, I haue bin with Sir
 Oliuer Mar-text, the Vicar of the next village, who hath
 promis'd to meete me in this place of the Forrest, and to
 couple vs.

Iaq. I would faine see this meeting.

Aud. Wel, the Gods giue vs ioy.

Clo. Amen. A man may if he were of a fearful heart,
 stagger in this attempt: for heere wee haue no Temple
 but the wood, no assembly but horne-beasts. But what
 though? Courage. As hornes are odious, they are neces-
 sarie. It is said, many a man knowes no end of his goods;
 right: Many a man has good Hornes, and knows no end

nicht auszudenken.

TRAUTE Und Sie wolln, die Götter solln mich poetisch machen?

PRÜFSTEIN Ehrlich, das will ich, denn du schwörst mir, du seist sittsam. Wärst du nun poetisch, dürfte ich hoffen, das hast du dir ausgedacht.

TRAUTE Wolln Sie denn nicht, daß ich sittsam bin?

PRÜFSTEIN Das will ich ehrlich nicht, es sei denn, du wärst häßlich: Denn Sittsamkeit gepaart mit Schönheit ist wie Honig mit Zuckersoße.

JAQUES Ein As von einem Narren.

TRAUTE Alles klar: Schön bin ich nicht, drum bitte ich die Götter, sie solln mich sittsam machen.

PRÜFSTEIN Und, ehrlich, Sittsamkeit an eine derbe Trutschel zu vergeuden heißt sauberes Fleisch auf einen schmutzigen Teller tun.

TRAUTE Eine Trutschel bin ich keine, aber für das Derbe, dafür dank ich den Göttern.

PRÜFSTEIN Gut, preisen wir die Götter für deine Derbheit, das Getrutschel kommt schon noch. Aber sei dem, wie ihm wolle, ich eheliche dich. Und zu dem Behufe war ich bei Sir Oliver Drehwort, dem Paster aus dem Nachbardorf, der mir hoch und heilig versprochen hat, mich an dieser Stelle im Wald zu treffen und uns zu verkuppeln.

JAQUES Die Zeremonie will ich sehen.

TRAUTE Alles klar: Mögen uns die Götter Freude machen.

PRÜFSTEIN Amen. Ah, Männer, denen die Traute abgeht, würden bei diesem Angang vermutlich ins Stolpern geraten, denn hier gibt es keine Kirche für uns außer Bäumen und keine Festgesellschaft außer Hornviechern. Aber was tuts? Traut euch! So hassenswert Hörner sind, so unvermeidlich sind sie. Es heißt, der Reiche sieht kein Ende sei-

of them. Well, that is the dowrie of his wife, 'tis none
of his owne getting; hornes, euen so; poore men alone:
No, no, the noblest Deere hath them as huge as the Ras-
call: Is the single man therefore blessed? No, as a wall'd
Towne is more worthier then a village, so is the forehead of a married man, more honourable then the bare
brow of a Batcheller: and by how much defence is better then no skill, by so much is a horne more precious
then to want.

Enter Sir Oliuer Mar-text.

Heere comes Sir *Oliuer.* Sir *Oliuer Mar-text* you are
wel met. Will you dispatch vs heere vnder this tree, or
shal we go with you to your Chappell?
Ol. Is there none heere to giue the woman?

Clo. I wil not take her on guift of any man.
Ol. Truly she must be giuen, or the marriage is not
lawfull.
Iaq. Proceed, proceede: Ile giue her.
Clo. Good euen good M^r what ye cal't: how do you
Sir, you are verie well met: goddild you for your last
companie, I am verie glad to see you, euen a toy in hand
heere Sir: Nay, pray be couer'd.

Iaq. Wil you be married, Motley?
Clo. As the Oxe hath his bow sir, the horse his curb,
and the Falcon her bels, so man hath his desires, and as
Pigeons bill, so wedlocke would be nibling.

Iaq. And wil you (being a man of your breeding) be
married vnder a bush like a begger? Get you to church,

ner Güter: Stimmt. Der Gehörnte sieht kein Ende seiner Hörner: Stimmt gleichfalls. Die hat seine Frau mit in die Ehe gebracht, er hat sie nicht sich selber angeschafft. Hörner sind nur was für Arme? Mitnichten, das höchste Tier trägt sie so gut wie der Spitzbube. Kann der Hagestolz darum von Glück reden? Abermals nein. So wie eine Stadt mit Türmen mehr hermacht als ein Dorf, so ist die hornige Stirne des Gatten ansehnlicher als die blanke des Junggesellen. Und wie es besser ist, wehrhaft zu sein als schutzlos, so ist ein Horn wertvoller als sein Mangel.

Sir Oliver Drehwort

Hier naht Sir Oliver Drehwort. Sir Oliver Drehwort, schön, daß Ihr da seid. Wollt Ihr uns hier unter diesem Baum abfertigen oder folgen wir Euch in Euer Kirchlein?

SIR OLIVER DREHWORT Ist hier keiner da, der den Brautführer abgibt?

PRÜFSTEIN Die Braut verführe ich lieber selbst.

SIR OLIVER DREHWORT Wahrlich, ich sage Euch, entweder die Braut wird geführt oder die Mariage ist ungültig.

JAQUES Fahrt fort, fahrt fort, ich führe sie.

PRÜFSTEIN Ja, guten Abend, Mister Schießmichtot, how do you do, Sir? Schön, daß Ihr vorbeischaut. Gottes Lohn für Eure Gesellschaft unlängst. Ich bin sehr erfreut, Euch zu sehen. Hier gilts, diese Kleinigkeit abzuhaken, Sir, nein, bitte, bleibt bedeckt.

JAQUES Ihr wollt heiraten, Herr Scheckig?

PRÜFSTEIN Der Ochse hat sein Joch, Sir, der Gaul seine Trense, der Falke sein Glöckchen und der Mensch seine Begierden, und wie Tauben schnäbeln dürfen, dürfen Eheleute knuspern.

JAQUES Und Ihr, seid ein Mann von Stand, und wollt Euch im Gebüsch vermählen wie ein Landstreicher? Ab in die

and haue a good Priest that can tel you what marriage is, this fellow wil but ioyne you together, as they ioyne Wainscot, then one of you wil proue a shrunke pannell, and like greene timber, warpe, warpe.

Clo. I am not in the minde, but I were better to bee married of him then of another, for he is not like to marrie me wel: and not being wel married, it wil be a good excuse for me heereafter, to leaue my wife.

Iaq. Goe thou with mee,
    And let me counsel thee.
Clo. Come sweete *Audrey*,
    We must be married, or we must liue in baudrey:
    Farewel good Mr *Oliuer.* Not O sweet *Oliuer,* O braue
    Oliuer leaue me not behind thee: But winde away, bee
    gone I say, I wil not to wedding with thee.

Ol. 'Tis no matter; Ne're a fantastical knaue of them
    all shal flout me out of my calling.   *Exeunt*

Scœna Quarta.

Enter Rosalind & Celia.

Ros. Neuer talke to me, I wil weepe.
Cel. Do I prethee, but yet haue the grace to consider,
    that teares do not become a man.
Ros. But haue I not cause to weepe?
Cel. As good cause as one would desire,

Kirche und sucht euch einen verständigen Priester, der euch
aufklärt, was Heiraten heißt. Der Bruder hier fügt euch zusammen, wie sie eine Vertäfelung zusammenfügen, ein
Paneel trocken, ein Paneel grün, und anschließend knack,
knack!

PRÜFSTEIN Ich bin ja nur der Ansicht, ich wäre besser von ihm
verheiratet als von 'nem andern, denn der hier sieht mir
nicht so aus, als könne er mich nachhaltig verheiraten, und
nicht nachhaltig verheiratet zu sein, erleichtert es mir später,
meine Frau sitzen zu lassen.

JAQUES Du gehst jetzt mit mir
Und ich rate dir.

PRÜFSTEIN Komm, Traute Traute, ohne Trauschein
Können wir nicht Mann und Frau sein:
Verschwinde, Sir Olli Verdrehwort
Mit Gottes Wort treibst du Verdrehsport
Verkrümle dich
Zieh ab, sag ich
Ich nehme die Braut und ich geh fort.

Jaques, Prüfstein, Traute ab.

SIR OLIVER DREHWORT Das kratzt mich nicht. Solche glau-
benslosen Deppen vermiesen mir meine Berufung nicht.

III, 4

Rosalind, Celia

ROSALIND Kein Wort. Weinen will ich.

CELIA Tus von mir aus, nur habe die Güte und bedenke, daß
Tränen einem Mann schlecht anstehn.

ROSALIND Habe ich vielleicht nicht Grund zum Weinen?

CELIA Den besten, den frau sich wünschen kann, darum

Therefore weepe.

Ros. His very haire
  Is of the dissembling colour.

Cel. Something browner then Iudasses:
  Marrie his kisses are Iudasses owne children.

Ros. I'faith his haire is of a good colour.

Cel. An excellent colour:
  Your Chessenut was euer the onely colour:

Ros. And his kissing is as ful of sanctitie,
  As the touch of holy bread.

Cel. Hee hath bought a paire of cast lips of *Diana*: a
  Nun of winters sisterhood kisses not more religiouslie,
  the very yce of chastity is in them.

Rosa. But why did hee sweare hee would come this
  morning, and comes not?

Cel. Nay certainly there is no truth in him.

Ros. Doe you thinke so?

Cel. Yes, I thinke he is not a picke purse, nor a horse-
  stealer, but for his verity in loue, I doe thinke him as
  concaue as a couered goblet, or a Worme-eaten nut.

Ros. Not true in loue?

Cel. Yes, when he is in, but I thinke he is not in.

Ros. You haue heard him sweare downright he was.

Cel. Was, is not is: besides, the oath of Louer is no
  stronger then the word of a Tapster, they are both the
  confirmer of false reckonings, he attends here in the forrest on the Duke your father.

Ros. I met the Duke yesterday, and had much que-

weine.

ROSALIND Ein Verräter, bis in die Haarfarbe.

CELIA Judas war rötlicher. Aber seine Küsse sind Judaskinder, keine Frage.

ROSALIND Ich finde seine Haarfarbe schön.

CELIA Eine sehr schöne Farbe. Kastanienbraun war immer Euer Schönstes.

ROSALIND Und sein Kuß ist mir heilig wie der Leib des Herrn.

CELIA Er hat einen Abguß der Lippen Dianas erworben: Keine Nonne vom Orden der naßkalten Schwestern küßt fleischloser. Der wahre Eiszapfen der Keuschheit steckt in ihnen.

ROSALIND Aber wieso schwört er, er kommt heute Morgen und kommt nicht?

CELIA Weil eben kein Verlaß auf ihn ist.

ROSALIND Meinst du das ernst?

CELIA Aber ja doch. Ich halte ihn weder für einen Taschen- noch für einen Pferdedieb, aber in puncto Aufrichtigkeit in der Liebe ist er hohl wie ein Deckelkrug oder eine taube Nuß.

ROSALIND Ein Liebesschwindler?

CELIA Nicht, wenn es ihn erwischt hat, aber ich denke nicht, daß es ihn erwischt hat.

ROSALIND Du hast ihn lauthals schwören hören, es hätte.

CELIA Es hätte, heißt nicht, es hat. Außerdem taugt der Schwur eines Verliebten so gut wie die Rechnung eines Schankburschen: Beide sind überzogen. Hier im Wald zählt er jedenfalls zu den Gefolgsleuten Eures herzoglichen Vaters.

ROSALIND Ich stand gestern vor dem Herzog und habe des

stion with him: he askt me of what parentage I was; I told him of as good as he, so he laugh'd and let mee goe. But what talke wee of Fathers, when there is such a man as *Orlando?*

Cel. O that's a braue man, hee writes braue verses, speakes braue words, sweares braue oathes, and breakes them brauely, quite trauers athwart the heart of his lo-uer, as a puisny Tilter, yᵗ spurs his horse but on one side, breakes his staffe like a noble goose; but all's braue that youth mounts, and folly guides: who comes heere?

Enter Corin.

Corin. Mistresse and Master, you haue oft enquired
After the Shepheard that complain'd of loue,
Who you saw sitting by me on the Turph,
Praising the proud disdainfull Shepherdesse
That was his Mistresse.

Cel. Well: and what of him?

Cor. If you will see a pageant truely plaid
Betweene the pale complexion of true Loue,
And the red glowe of scorne and prowd disdaine,
Goe hence a little, and I shall conduct you
If you will marke it.

Ros. O come, let vs remoue,
The sight of Louers feedeth those in loue:
Bring vs to this sight, and you shall say
Ile proue a busie actor in their play.   *Exeunt.*

Längeren mit ihm gesprochen. Er fragt mich doch tatsächlich nach meinem Elternhaus und ich sage, es entspricht
dem Eurigen, und er lächelt und läßt mich gehen. Doch
was sprechen wir von Vätern, wo es Orlando gibt?
CELIA O, das ist ein toller Hecht! Schreibt tolle Verse, sagt
tolle Dinge, schwört tolle Eide und bricht sie quer vorm
Herzen seiner Liebsten, so toll wie eine noble Null von
Ritter seine Lanze. Es ist eben alles toll, was Jugend reitet
und Torheit lenkt.

Corin

CORIN Mein Fräulein, junger Herr, Ihr wolltet wissen
Was aus dem liebeskranken Schäfer wurde
Den ihr mit mir im Gras habt sitzen sehn
Und hörtet, wie er mir die stolze Hirtin
Die er liebte, pries.
CELIA   Was ist mit ihm?
CORIN Wollt Ihr ein lebensechtes Schauspiel sehen
Von wahrer Liebe bleichem Schmachten hier
Und rot erglühtem Hohn und Hochmut dort
Dann folgt mir und ich führe Euch wohin
Wo das gespielt wird.
ROSALIND   O, so laß uns gehen
Verliebte labt es, Liebende zu sehen
Schnell, bring uns hin: Schon jetzt kann ich es fühlen
Wie es mich drängt, in dem Stück mitzuspielen.

Scena Quinta.

Sil. Sweet *Phebe* doe not scorne me, do not *Phebe*
　　Say that you loue me not, but say not so
　　In bitternesse; the common executioner
　　Whose heart th'accustom'd sight of death makes hard
　　Falls not the axe vpon the humbled neck,
　　But first begs pardon: will you sterner be
　　Then he that dies and liues by bloody drops?
　　　　Enter Rosalind, Celia, and Corin.
Phe. I would not be thy executioner,
　　I flye thee, for I would not iniure thee:
　　Thou tellst me there is murder in mine eye,
　　'Tis pretty sure, and very probable,
　　That eyes that are the frailst, and softest things,
　　Who shut their coward gates on atomyes,
　　Should be called tyrants, butchers, murtherers.
　　Now I doe frowne on thee with all my heart,
　　And if mine eyes can wound, now let them kill thee:
　　Now counterfeit to swound, why now fall downe,
　　Or if thou canst not, oh for shame, for shame,
　　Lye not, to say mine eyes are murtherers:
　　Now shew the wound mine eye hath made in thee,
　　Scratch thee but with a pin, and there remaines
　　Some scarre of it: Leane vpon a rush
　　The Cicatrice and capable impressure
　　Thy palme some moment keepes: but now mine eyes
　　Which I haue darted at thee, hurt thee not,
　　Nor I am sure there is no force in eyes
　　That can doe hurt.

III, 5

Silvius, Phoebe

SILVIUS Süße Phoebe, höhnt nicht, tuts nicht, Phoebe
Sagt, Ihr liebt mich nicht, doch sagt es nicht
So kalt. Der Henker selbst, dem vieler Tod
Das Herz versteinert hat, erbittet erst
Vergebung und schlägt dann die Axt in den
Gebeugten Nacken. Wollt Ihr härter sein
Als er, den Tropfen Bluts am Leben halten?
     Rosalind, Celia, Corin sind aufgetreten
PHOEBE Dein Henker werden ist nicht, was ich will
Ich geh dir aus dem Weg, um dich zu schonen.
Ich trüge Mord im Auge, sagst du mir:
's ist nicht nur nett, es ist auch völlig glaublich
Daß Augen, diese zarten Glibberdinger
Die feig ihr Tor vor jedem Stäubchen schließen
Tyrannen, Schlächter, Mörder werden können.
Zum Beispiel jetzt: Ich leg die Stirn in Falten
Und starr dich an, so bös, als ich vermag:
Wenn Blicke töten, bist du umgebracht.
Nun tu schon so, als schwänden dir die Sinne
Fall um, und wenn du das nicht kannst, oh, schäm dich
Schäm dich, hier zu lügen, meine Augen
Wären Mordgesellen: Zeig die Wunde
Die sie dir schlugen oder halt den Mund.
Verletzt ein Messer dich, gibts einen Schnitt
Stütz dich im Gras auf und die Hand empfängt
Seis auch nur kurz, den Abdruck. Doch mein Blick
Der dich durchbohren sollte, tut dir nichts:
Das heißt für mich, die Augen sind nicht fähig

Sil. O deere *Phebe,*
      If euer (as that euer may be neere)
      You meet in some fresh cheeke the power of fancie,
      Then shall you know the wounds inuisible
      That Loues keene arrows make.
Phe. But till that time
      Come not thou neere me: and when that time comes,
      Afflict me with thy mockes, pitty me not,
      As till that time I shall not pitty thee.
Ros. And why I pray you? who might be your mother
      That you insult, exult, and all at once
      Ouer the wretched? what though you hau no beauty
      As by my faith, I see no more in you
      Then without Candle may goe darke to bed:
      Must you be therefore prowd and pittilesse?

      Why what meanes this? why do you looke on me?
      I see no more in you then in the ordinary
      Of Natures sale-worke? 'ods my little life,
      I thinke she meanes to tangle my eies too:
      No faith proud Mistresse, hope not after it,
      'Tis not your inkie browes, your blacke silke haire,
      Your bugle eye-balls, nor your cheeke of creame
      That can entame my spirits to your worship:

      You foolish Shepheard, wherefore do you follow her
      Like foggy South, puffing with winde and raine,
      You are a thousand times a properer man
      Then she a woman. 'Tis such fooles as you
      That makes the world full of ill-fauourd children:
      'Tis not her glasse, but you that flatters her,

Zu verwunden.

SILVIUS   O, geliebte Phoebe
Wenn Ihr je (und dieses je kann bald sein)
Die Macht der Liebe trefft auf frischen Wangen
Dann lernt Ihr die verborgnen Wunden kennen
Die Amors Pfeil schlägt.

PHOEBE   Bis es soweit ist
Bleib mir vom Pelz; und ist der Tag gekommen,
Stich mich mit deinem Spott, sei mitleidlos,
Wie ich es bis dahin mit dir sein werde.

ROSALIND Und warum das, wenn ich mal fragen darf?
Wen nennst du deine Mutter, daß du hier
Den Unglückswurm in einem Atemzug
Beleidigst und dich lustig machst? Wie, nur
Weil dir die Schönheit abgeht – du kommst, scheint mir
Besser ohne Kerzenschein ins Bett –
Mußt du darum gleich stolz und grausam sein?
Was ist denn nun? Was gaffst du mich so an?
Ich sehe nichts in dir als Durchschnittsware
Der Natur. Behüte mich der Himmel
Sie will, dünkt mich, auch mir den Kopf verdrehn!
Kein Stück, mein stolzes Kind, das hoffe nicht:
Nicht deine Tintenbraue, nicht dein schwarzes
Seidenhaar und deine Kohlenaugen
Und deine milchig weiße Wange nicht
Zwingen meine Seele dir zu Diensten.
Du dummer Schäfer, was läufst du ihr nach
Wie schwüler Südwind Luft und Wasser prustend?
Als Mann machst du doch tausend Mal mehr her,
Als sie als Frau. 's sind Trottel so wie du,
Die uns die Welt mit ungeschlachten Kindern
Auffülln. Nicht ihr Spieglein, du bists, der

And out of you she sees her selfe more proper
Then any of her lineaments can show her:
But Mistris, know your selfe, downe on your knees
And thanke heauen, fasting, for a good mans loue;
For I must tell you friendly in your eare,
Sell when you can, you are not for all markets:
Cry the man mercy, loue him, take his offer,
Foule is most foule, being foule to be a scoffer.

So take her to thee Shepheard, fareyouwell.
Phe. Sweet youth, I pray you chide a yere together,
  I had rather here you chide, then this man wooe.
Ros. Hees falne in loue with your foulnesse, & shee'll
  Fall in loue with my anger. If it be so, as fast
  As she answeres thee with frowning lookes, ile sauce
  Her with bitter words: why looke you so vpon me?

Phe. For no ill will I beare you.
Ros. I pray you do not fall in loue with mee,
  For I am falser then vowes made in wine:
  Besides, I like you not: if you will know my house,
  'Tis at the tufft of Oliues, here hard by:
  Will you goe Sister? Shepheard ply her hard:
  Come Sister: Shepheardesse, looke on him better
  And be not proud, though all the world could see,
  None could be so abus'd in sight as hee.
  Come, to our flocke,   *Exit.*
Phe. Dead Shepheard, now I find thy saw of might,
  Who euer lov'd, that lou'd not at first sight?
Sil. Sweet *Phebe.*
Phe. Hah: what saist thou *Siluius?*
Sil. Sweet *Phebe* pitty me.

                          III, v, 60-89

Ihr schmeichelt, in dir findet sie sich schöner
Als irgendein Porträt sie zeichnen kann.
Doch, Fräulein, sieh dich an. Fall auf die Knie,
Faste und bedanke dich beim Himmel
Für eines braven Mannes Liebe; denn ich sag es
Dir freundschaftlich ins Ohr: Verkauf, wos geht,
Nicht alle Märkte stehn dir offen. Winsle
Den Mann um Gnade an, er ist dein Retter
Das Häßlichste ist häßlich sein und Spötter.
So nimm sie mit dir, Schäfer. Lebt nun wohl.

PHOEBE Du hübscher Kerl darfst ein Jahr weiterschimpfen
Dein Schimpfen ist mir lieber als sein Werben.

ROSALIND Er ist ihrer Häßlichkeit verfallen und *[zu Silvius]*
sie verfällt meinem Unmut: Stimmt das, dann versalze ich
ihr blitzartig jeden ihrer bösen Blicke auf dich mit sauren
Kommentaren.
[zu Phoebe]   Was glotzt du so?

PHOEBE   Dir nehme ich nichts übel.

ROSALIND In mich dich zu verlieben hüte dich
Denn falscher bin ich als der Eid des Säufers.
Und übrigens, ich mag dich nicht. Ich wohne
Bei dem Olivenhain hier nebendran. Komm, Schwester.
Schäfer, laß nicht locker. Schwester, komm schon.
Du, Schäferin, geh freundlich mit ihm um
Verkneif dir deinen Stolz: Denk stets daran
Was er nicht sehn will, sieht die Welt dir an.
Kommt, unsre Herde ruft.   *Rosalind, Celia, Corin ab.*

PHOEBE Du toter Schäfer, wie sagt dein Gedicht:
Wer liebt, liebt auf den ersten Blick, sonst nicht.

SILVIUS Phoebe, Liebste.

PHOEBE   Was denn, Silvius?

SILVIUS Phoebe, Liebste, habt Erbarmen.

Phe. Why I am sorry for thee gentle *Siluius.*

Sil. Where euer sorrow is, reliefe would be:
    If you doe sorrow at my griefe in loue,
    By giuing loue your sorrow, and my griefe
    Were both extermin'd.
Phe. Thou hast my loue, is not that neighbourly?
Sil. I would haue you.
Phe. Why that were couetousnesse:
    Siluius; the time was, that I hated thee;
    And yet it is not, that I beare thee loue,
    But since that thou canst talke of loue so well,
    Thy company, which erst was irkesome to me
    I will endure; and Ile employ thee too:
    But doe not looke for further recompence
    Then thine owne gladnesse, that thou art employd.
Sil. So holy, and so perfect is my loue,
    And I in such a pouerty of grace,
    That I shall thinke it a most plenteous crop
    To gleane the broken eares after the man
    That the maine haruest reapes: loose now and then
    A scattred smile, and that Ile liue vpon.   (while?
Phe. Knowst thou the youth that spoke to mee yere-
Sil. Not very well, but I haue met him oft,
    And he hath bought the Cottage and the bounds
    That the old *Carlot* once was Master of.
Phe. Thinke not I loue him, though I ask for him,
    'Tis but a peeuish boy, yet he talkes well,
    But what care I for words? yet words do well
    When he that speakes them pleases those that heare:
    It is a pretty youth, not very prettie,
    But sure hee's proud, and yet his pride becomes him;

PHOEBE   Hab ich:
  Du tust mir leid, mein guter Silvius.
SILVIUS Wo immer Schmerz ist, ist auch Linderung
  Schmerzt Euch mein Liebeskummer, gebt mir Liebe
  Und beides ist, dein Schmerz wie auch mein Kummer
  Ausgelöscht.
PHOEBE Meine Liebe hast du als mein Nachbar.
SILVIUS Haben will ich Euch.
PHOEBE   Das ist Besitztrieb:
  Silvius, bis hierhin haßte ich dich
  Und noch ists nicht an dem, daß ich dich liebe,
  Doch so schön, wie du von Liebe sprichst
  Will ich deinen Umgang, der mir schwer fiel
  Ertragen und in meinen Dienst dich nehmen:
  Nur erwarte keinen höhern Lohn
  Als deine Freude, daß du dienen darfst.
SILVIUS Mein Lieben ist so heilig und vollkommen
  Und Eurer Gnade bin ich so bedürftig
  Daß ichs als reichlichen Ertrag ansehe
  Darf ich die Ähren lesen hinter dem Mann
  Der die Ernte einfährt. Schenkt mir nur
  Dann und wann ein Lächeln, und ich lebe.
PHOEBE Der junge Mann, der mit mir sprach, du kennst ihn?
SILVIUS Nicht näher, doch man sah sich, denn er hat
  Vom alten Carlot Haus und Land gekauft.

PHOEBE Nicht, daß du denkst, ich früge, weil ich liebte:
  Er ist ein frecher Kerl. Zwar, schwätzen kann er
  Nur was soll ich mit Worten? Freilich, Worte
  Tun gut, wenn der sie sagt, gut aussieht
  Und er ist hübsch, nicht sehr hübsch, dazu stolz
  Obwohl, ihm steht sein Stolz, er wird ein Mann

Hee'll make a proper man: the best thing in him
Is his complexion: and faster then his tongue
Did make offence, his eye did heale it vp:
He is not very tall, yet for his yeeres hee's tall:
His leg is but so so, and yet 'tis well:
There was a pretty rednesse in his lip,
A little riper, and more lustie red
Then that mixt in his cheeke: 'twas iust the difference
Betwixt the constant red, and mingled Damaske.
There be some women *Siluius*, had they markt him
In parcells as I did, would haue gone neere
To fall in loue with him: but for my part
I loue him not, nor hate him not: and yet
Haue more cause to hate him then to loue him,
For what had he to doe to chide at me?
He said mine eyes were black, and my haire blacke,
And now I am remembred, scorn'd at me:
I maruell why I answer'd not againe,
But that's all one: omittance is no quittance:
Ile write to him a very tanting Letter,
And thou shalt beare it, wilt thou *Siluius*?

Sil. *Phebe*, with all my heart.
Phe. Ile write it strait:
    The matter's in my head, and in my heart,
    I will be bitter with him, and passing short;
    Goe with me *Siluius*.   *Exeunt.*

Ein richtiger. Das Beste an ihm ist
Die ganze Art: Denn vor noch seine Zunge
Mich verletzte, heilte schon sein Blick mich.
Er ist nicht groß, doch für sein Alter schon groß
Sein Bein ist so la la und trotzdem formvoll
In seinen Lippen war so ein Rubinrot
Ein wenig kräftiger und lebhafter
Als es sich auf seiner Wange mischt:
Ein Unterschied wie zwischen dem rein roten
Und dem gesprenkelten Damast. Klar, es gibt Frauen
Silvius, die, wenn sie ihm so nahe
Kämen wie jetzt ich, ganz kurz davor wärn
Sich in ihn zu verlieben: Ich für mein Teil
Ich liebe ihn nicht, noch auch haß ich ihn
Obwohl ich mehr Grund ihn zu hassen habe
Als ihn zu lieben: Denn was fiel ihm ein
Mich derart schlecht zu machen? Gab er nicht
Was mit Tintenhaar und Kohlenaugen von sich
Und mehr solch dummes Zeug, um mich zu kränken?
Mir schleierhaft, wieso ich dazu schwieg.
Doch ganz egal, Verpassen heißt nicht Lassen:
Ich schreib ihm einen Brief, ders in sich hat
Und hin bringst du ihn. Silvius, tust du das?
SILVIUS Phoebe, von Herzen gern.
PHOEBE   Ich schreib ihn gleich:
Mein Kopf liest, was mein Herz fühlt, fleißig ab
Hart will ich mit ihm sein und äußerst knapp.
Folg mir, mein Silvius.

Actus Quartus. Scena Prima.

Enter Rosalind, and Celia, and Iaques.

Iaq. I prethee, pretty youth, let me better acquainted
    with thee.

Ros They say you are a melancholly fellow.

Iaq. I am so: I doe loue it better then laughing.

Ros. Those that are in extremity of either, are abho-
    minable fellowes, and betray themselues to euery mo-
    derne censure, worse then drunkards.

Iaq. Why, 'tis good to be sad and say nothing.

Ros. Why then 'tis good to be a poste.

Iaq. I haue neither the Schollers melancholy, which
    is emulation: nor the Musitians, which is fantasticall;
    nor the Courtiers, which is proud: nor the Souldiers,
    which is ambitious: nor the Lawiers, which is politick:
    nor the Ladies, which is nice: nor the Louers, which
    is all these: but it is a melancholy of mine owne, com-
    pounded of many simples, extracted from many obiects,
    and indeed the sundrie contemplation of my trauells, in
    which by often rumination, wraps me in a most humo-
    rous sadnesse.

Ros. A Traueller: by my faith you haue great rea-
    son to be sad: I feare you haue sold your owne Lands,
    to see other mens; then to haue seene much, and to haue
    nothing, is to haue rich eyes and poore hands.

Iaq. Yes, I haue gain'd my experience.

Rosalind, Celia, Jaques

JAQUES Ich bitte Euch, schöner Jüngling, laßt mich nähere
Bekanntschaft mit Euch schließen.

ROSALIND Ich höre, Ihr seid aus der Melancholikerzunft.

JAQUES Bin ich. Ich ziehe sie der Spaßvogelzunft vor.

ROSALIND Wers im einen wie im andern übertreibt, der ist
ekelhaft und verdient nicht mehr Respekt als ein Trun-
kenbold.

JAQUES Der tut gut, der ernst ist und sagt nichts.

ROSALIND Dann tut ein Wäschepfahl gut.

JAQUES Meine Melancholie ist weder die des Gelehrten, der
der Natur nachläuft, noch die des Komponisten, der in
Gefühlen schwelgt, noch die des Höflings, der nach
Gunst lechzt, noch die des Feldherrn, der um den Sieg
fürchtet, noch die des Advokaten, der einen Prozeß zu
verlieren droht, noch ist sie die einer Dame, die sich nicht
schön genug findet, und auch nicht die eines Liebenden,
die das alles auf einmal ist. Es ist vielmehr meine ureigen-
ste Melancholie, gefügt aus vielerlei Elementen, destilliert
aus vielerlei Dingen, hauptsächlich durch verschiedentli-
che Rekapitulationen meiner Reisen, während welcher
ich mich mittels allerlei Reflektionen in den höchst kost-
baren Zustand der Betrübnis versetze.

ROSALIND Ein Gereister! Wahrhaftig, Ihr habt allen Grund,
betrübt zu sein: Ich fürchte, Ihr habt Eure Ländereien
verkauft, um die anderer Herren zu entdecken. Womit
ich andeuten will, wer viel gesehen hat, aber nichts hat,
der hat reiche Augen und leere Hände.

JAQUES Ihr irrt: Ich habe Lebenserfahrung gesammelt.

Enter Orlando.

Ros. And your experience makes you sad: I had ra-
    ther haue a foole to make me merrie, then experience to
    make me sad, and to trauaile for it too.

Orl. Good day, and happinesse, deere *Rosalind.*
Iaq. Nay then God buy you, and you talke in blanke
    verse.
Ros. Farewell Mounsieur Trauellor: looke you
    lispe, and weare strange suites; disable all the benefits
    of your owne Countrie: be out of loue with your
    natiuitie, and almost chide God for making you that
    countenance you are; or I will scarce thinke you haue
    swam in a Gundello. Why how now *Orlando*, where
    haue you bin all this while? you a louer? and you
    serue me such another tricke, neuer come in my sight
    more.
Orl. My faire *Rosalind*, I come within an houre of my
    promise.
Ros. Breake an houres promise in loue? hee that
    will diuide a minute into a thousand parts, and breake
    but a part of the thousand part of a minute in the affairs
    of loue, it may be said of him that *Cupid* hath clapt
    him oth' shoulder, but Ile warrant him heart hole.

Orl. Pardon me deere *Rosalind.*
Ros. Nay, and you be so tardie, come no more in my
    sight, I had as liefe be woo'd of a Snaile.

Orl. Of a Snaile?
Ros. I, of a Snaile: for though he comes slowly, hee
    carries his house on his head; a better ioyncture I thinke

ROSALIND Und Eure Lebenserfahrung betrübt Euch. Mir ist ein
Narr, der mich belustigt, lieber als eine Lebenserfahrung, die
mich betrübt – und für die ich obendrein noch verreisen
muß.

ORLANDO Guten Tag Euch, liebste Rosalinde.

JAQUES Na dann, gute Nacht, es naht der Blankversschmied.

ROSALIND Lebt wohl, Monsieur Reise. Legt Euch einen Ak-
zent zu und kleidet Euch fremdländisch, setzt die Vorzüge
Eurer Heimat herab, schmäht Eure Landsleute, ja, hadert mit
Gott, weil er Euch als den erschuf, der Ihr seid, sonst glaube
ich nie und nimmer, daß Ihr in einer Gondel geschwommen
kamt. Und Sie, Orlando? Was ist mit Ihnen? Wo haben Sie
all die Zeit über gesteckt? Sie wollen verliebt sein? Halten
Sie mich noch einmal so zum Narren, und Sie sehen mich
nie wieder.

ORLANDO Meine Rosalind, ich komme kaum ein Stündchen
später als versprochen.

ROSALIND Kaum ein Stündchen? Bei einem Versprechen aus
Liebe? Derjenige, der eine Minute in tausend Teile teilt und
dann auch nur einen Teil eines Tausendstels der Minute in
Liebesdingen verpaßt, der muß sich nachsagen lassen, daß
Cupido ihm vielleicht auf die Schulter geklopft hat, aber sein
Herz ist garantiert heil geblieben.

ORLANDO Vergib mir, liebe Rosalind.

ROSALIND Zum letzten Mal. Noch einmal so bummeln, und
Sie sehen mich nie wieder. Lieber laß ich mich von einem
Schneckenmann umwerben.

ORLANDO Von einem Schneckenmann?

ROSALIND Ganz recht, von einem Schneckenmann, der ist auch
nicht pünktlicher, trägt aber sein Haus auf dem Rücken –

then you make a woman: besides, he brings his destinie
with him.

Orl. What's that?

Ros. Why hornes: w^c such as you are faine to be be-
holding to your wiues for: but he comes armed in his
fortune, and preuents the slander of his wife.

Orl. Vertue is no horne-maker: and my *Rosalind* is
vertuous.

Ros. And I am your *Rosalind*.

Cel. It pleases him to call you so: but he hath a *Rosalind* of a better leere then you.

Ros. Come, wooe me, wooe mee: for now I am in a
holy-day humor, and like enough to consent: What
would you say to me now, and I were your verie, verie
Rosalind?

Orl. I would kisse before I spoke.

Ros. Nay, you were better speake first, and when you
were grauel'd, for lacke of matter, you might take occasion to kisse: verie good Orators when they are out,
they will spit, and for louers, lacking (God warne vs)
matter, the cleanliest shift is to kisse.

Orl. How if the kisse be denide?

Ros. Then she puts you to entreatie, and there begins
new matter.

Orl. Who could be out, being before his beloued
Mistris?

Ros. Marrie that should you if I were your Mistris,
or I should thinke my honestie ranker then my wit.

Orl. What, of my suite?

wie mir scheint, eine höhere Unterhaltsleistung als Sie einer Frau bieten können. Außerdem bringt er seine Bestimmung gleich mit.

ORLANDO Und die wäre?

ROSALIND Na, Hörner doch: Wofür solche wie Sie gerne ihre Weiber verantwortlich machen. Aber er ist seinem Eheleben gewappnet und wahrt den guten Ruf seiner Gattin.

ORLANDO Die Tugend ist keine Horndreherin und meine Rosalind ist tugendhaft.

ROSALIND Und ich bin Ihre Rosalind.

CELIA Es gefällt ihm, Euch so zu nennen, aber so vorlaut wie Ihr ist seine Rosalind gewiß nicht.

ROSALIND Kommen Sie, werben Sie um mich, werben Sie um mich: Denn ich bin jetzt in Feiertagslaune und gestimmt, Ja zu sagen. Wie würden Sie mich jetzt ansprechen, wäre ich Ihre wirkliche, echte Rosalind?

ORLANDO Ich würde erst küssen, dann sprechen.

ROSALIND Nicht doch, besser Sie sprechen erst, und sobald Sie rhetorisch auf dem Trockenen sitzen, packen Sie die Gelegenheit beim Schopf und küssen. Sehr gute Redner, wenn sie vom Kurs abkommen, befeuchten ihre Kehlen, und für Liebhaber auf dem Trockenen (vor welchen Gott uns schützen möge) ist es das beste Hilfsmittel, zu küssen.

ORLANDO Was aber, wenn der Kuß verweigert wird?

ROSALIND Dann zwingt sie Sie, zu bitteln und zu betteln und schon werden Sie wieder flott.

ORLANDO Wer kommt vom Kurs ab, der vor seiner Liebsten steht?

ROSALIND Wäre ich die, Sie sollten es erleben, oder ich müßte meiner Selbstbeherrschung den Sieg über meinen Vorwitz einräumen.

ORLANDO Wie, vom Kurs meiner Liebe?

Ros. Not out of your apparrell, and yet out of your
suite:
Am not I your *Rosalind?*

Orl. I take some ioy to say you are, because I would
be talking of her.

Ros. Well, in her person, I say I will not haue you.

Orl. Then in mine owne person, I die.

Ros. No faith, die by Attorney: the poore world is
almost six thousand yeeres old, and in all this time there
was not anie man died in his owne person (*videlicet*) in
a loue cause: *Troilous* had his braines dash'd out with a
Grecian club, yet he did what hee could to die before,
and he is one of the patternes of loue. *Leander*, he would
haue liu'd manie a faire yeere though *Hero* had turn'd
Nun; if it had not bin for a hot Midsomer-night, for
(good youth) he went but forth to wash him in the Hellespont, and being taken with the crampe, was droun'd,
and the foolish Chronoclers of that age, found it was
Hero of Cestos. But these are all lies, men haue died
from time to time, and wormes haue eaten them, but not
for loue.

Orl. I would not haue my right *Rosalind* of this mind,
for I protest her frowne might kill me.

Ros. By this hand, it will not kill a flie: but come,
now I will be your *Rosalind* in a more comming-on disposition: and aske me what you will, I will grant it.

Orl. Then loue me *Rosalind.*

Ros. Yes faith will I, fridaies and saterdaies, and all.

ROSALIND Nein, vom Kurs auf Ihren Kuß. Bin nicht ich Ihre Rosalind?

ORLANDO Es macht mir Freude, dich so zu nennen, weil ich dann von ihr sprechen kann.

ROSALIND Schön, dann sage ich Ihnen als sie, ich will Sie nicht.

ORLANDO Dann, sage ich dir als ich selbst, sterbe ich.

ROSALIND Du lieber Himmel, bloß das nicht, lassen Sie sich beim Sterben anwaltlich vertreten: Die arme Welt ist bald sechstausend Jahre alt, und in der ganzen langen Zeit ist nicht ein Verliebter als er selbst gestorben. Dem Inbegriff der Liebe, dem treuen Troilus, der getan hatte, was er konnte, um beizeiten zu sterben, wurde am Ende der Schädel eingeschlagen von einer Griechenkeule. Und Leander hätte, selbst wenn Hero von Sestos Nonne geworden wäre, noch viele schöne Jahre gelebt, hätte es da nicht diese heiße Mittsommernacht gegeben: Der gute Junge zieht los, um sich im Hellespont zu baden und kriegt einen Wadenkrampf und ersäuft, und die sentimentalen Schreiberlinge nennen den Wadenkrampf Hero. Doch das alles sind Spinnereien: Wohl sind ab und an Männer gestorben und wurden Wurmfraß, nur nie aus Liebe.

ORLANDO So soll meine echte Rosalinde aber nicht denken, denn ich weiß, ein Stirnrunzeln von ihr bringt mich um.

ROSALIND Bei der Hand hier, keine Fliege bringt es um. Aber schön, ich bin jetzt Ihre Rosalind in einer zugänglicheren Version, und Sie können mich bitten, um was Sie wollen, ich bin dabei.

ORLANDO Dann liebe mich, Rosalind.

ROSALIND Ja doch, will ich, freitags und samstags und auch sonst.

Orl. And wilt thou haue me?

Ros. I, and twentie such.

Orl. What saiest thou?

Ros. Are you not good?

Orl. I hope so.

Rosalind. Why then, can one desire too much of a
good thing: Come sister, you shall be the Priest, and
marrie vs: giue me your hand *Orlando*: What doe you
say sister?

Orl. Pray thee marrie vs.

Cel. I cannot say the words.

Ros. You must begin, will you *Orlando*.

Cel. Goe too: wil you *Orlando*, haue to wife this *Rosalind*?

Orl. I will.

Ros. I, but when?

Orl. Why now, as fast as she can marrie vs.

Ros. Then you must say, I take thee *Rosalind* for
wife.

Orl. I take thee *Rosalind* for wife.

Ros. I might aske you for your Commission,
But I doe take thee *Orlando* for my husband: there's a
girle goes before the Priest, and certainely a Womans
thought runs before her actions.

Orl. So do all thoughts, they are wing'd.

Ros. Now tell me how long you would haue her, after you haue possest her?

Orl. For euer, and a day.

Ros. Say a day, without the euer: no, no *Orlando*, men
are Aprill when they woe, December when they wed:

ORLANDO Und du willst mich haben?

ROSALIND Aber ja, plus zwanzig wie Sie.

ORLANDO Wie sagst du?

ROSALIND Seid Ihr keiner von den Guten?

ORLANDO Ich hoffe doch.

ROSALIND Na also, kann eine von den Guten zuviel haben? Kommt, Schwester, Ihr seid jetzt ein Pfarrer und vermählt uns. Gebt mir Eure Hand, Orlando. Wie meinen, Schwester?

ORLANDO Bitte vermählt uns.

CELIA Ich weiß die Worte nicht.

ROSALIND Ihr beginnt mit Wollt Ihr, Orlando.

CELIA Schon gut: Wollt Ihr, Orlando, Rosalind hier zur Frau nehmen?

ORLANDO Ich will.

ROSALIND Fein, aber wann?

ORLANDO Wann? Jetzt gleich, so schnell sie uns vermählen kann.

ROSALIND Dann müßt Ihr sagen Ich nehme dich, Rosalind, zur Frau.

ORLANDO Ich nehme dich, Rosalind, zur Frau.

ROSALIND Ich könnte Euch fragen, ob Ihr die nötigen Einwilligungen habt, aber ich nehme dich, Orlando, zum Mann. Wenn ein Mädchen schon als Braut den Priester überholt, um wie viel schneller eilen seine Gedanken seinem Tun voraus, wenn es getraut ist?

ORLANDO Das machen alle Gedanken, sie können fliegen.

ROSALIND Womit wir bei der Frage wären: Wie lange wollen Sie sie, nachdem Sie sie nun besitzen, behalten?

ORLANDO Einen Tag länger als ewig.

ROSALIND Sagen Sie Einen Tag, ohne ewig: Nein, nein, Orlando, Männer sind April, wenn sie werben, Dezember in

Maides are May when they are maides, but the sky chan-
ges when they are wiues: I will bee more iealous of
thee, then a Barbary cocke-pidgeon ouer his hen, more
clamorous then a Parrat against raine, more new-fang-
led then an ape, more giddy in my desires, then a mon-
key: I will weepe for nothing, like *Diana* in the Foun-
taine, & I wil do that when you are dispos'd to be merry:
I will laugh like a Hyen, and that when thou art inclin'd
to sleepe.

Orl. But will my *Rosalind* doe so?

Ros. By my life, she will doe as I doe.

Orl. O but she is wise.

Ros. Or else shee could not haue the wit to doe this:
the wiser, the waywarder: make the doores vpon a womans wit, and it will out at the casement: shut that, and
'twill out at the key-hole: stop that, 'twill flie with the
smoake out at the chimney.

Orl. A man that had a wife with such a wit, he might
say, wit whether wil't?

Ros. Nay, you might keepe that checke for it, till you
met your wiues wit going to your neighbours bed.

Orl. And what wit could wit haue, to excuse that?

Rosa. Marry to say, she came to seeke you there: you
shall neuer take her without her answer, vnlesse you take
her without her tongue: ô that woman that cannot
make her fault her husbands occasion, let her neuer nurse
her childe her selfe, for she will breed it like a foole.

Orl. For these two houres *Rosalinde*, I wil leaue thee.

Ros. Alas, deere loue, I cannot lacke thee two houres.

Orl. I must attend the Duke at dinner, by two a clock

der Ehe. Mädchen sind Mai, wenn sie Mädchen sind, aber sind sie erst Frauen, bezieht sich der Himmel: Ich werde dich eifersüchtiger bewachen als ein Türkentauber seine Täubin, dich schriller ankreischen als ein Papagei den Regen, dich mit mehr Neugier plagen als ein Affe, mit mehr Unbeständigkeit als eine Meerkatze: Ich heule Bäche falscher Tränen wie die spanische Diana, und zwar immer dann, wenn du glücklich sein möchtest, und stoße ein Hyänenlachen aus, wenn dir nach Schlaf ist.

ORLANDO Meine Rosalinde tut das nicht, oder?

ROSALIND Bei meinem Leben, was ich tue, tut sie.

ORLANDO O, aber sie hat Verstand.

ROSALIND Andernfalls würde ihr die Gewitztheit fehlen, es zu tun: je mehr Verstand, desto mehr Eigensinn. Schließ eine gewitzte Frau ein, und sie klettert dir aus dem Fenster. Vernagle das und sie verschwindet durchs Schlüsselloch. Stopf das zu, und sie fliegt mit dem Rauch aus dem Kamin.

ORLANDO Zu einer so gewitzten Frau könnte ihr Gatte glatt sprechen Wohin des Wegs, Witz?

ROSALIND Nein, die Frage heben Sie sich auf, bis Sie den Witz Ihrer Frau auf dem Weg ins Bett Ihres Nachbarn treffen.

ORLANDO Und welche Frau wäre gewitzt genug, sich da noch heraus zu witzeln?

ROSALIND Ganz einfach, sie braucht bloß zu behaupten, sie wär auf der Suche nach Ihnen. Glaubt mir, eine Frau ohne Ausflucht ist eine Frau ohne Zunge. O, laßt die Frau, die ihren Fehltritt nicht auf ihren Mann schieben kann, ihr Kind nicht selbst säugen, oder es wird ein Strohkopf.

ORLANDO Rosalind, ich muß dich für zwei Stunden verlassen.

ROSALIND Ach nein, Liebster, zwei Stunden ohne dich, das halte ich nicht aus.

ORLANDO Der Herzog erwartet mich zum Dinner. Gegen

I will be with thee againe.

Ros. I, goe your waies, goe your waies: I knew what
you would proue, my friends told mee as much, and I
thought no lesse: that flattering tongue of yours wonne
me: 'tis but one cast away, and so come death: two o'
clocke is your howre.

Orl. I, sweet *Rosalind*.

Ros. By my troth, and in good earnest, and so God
mend mee, and by all pretty oathes that are not dange-
rous, if you breake one iot of your promise, or come one
minute behinde your houre, I will thinke you the most
patheticall breake-promise, and the most hollow louer,
and the most vnworthy of her you call *Rosalinde*, that
may bee chosen out of the grosse band of the vnfaith-
full: therefore beware my censure, and keep your promise.

Orl. With no lesse religion, then if thou wert indeed
my *Rosalind*: so adieu.

Ros. Well, Time is the olde Iustice that examines all
such offenders, and let time try: adieu.   *Exit.*

Cel. You haue simply misus'd our sexe in your loue-
prate: we must haue your doublet and hose pluckt ouer
your head, and shew the world what the bird hath done
to her owne neast.

Ros. O coz, coz, coz: my pretty little coz, that thou
didst know how many fathome deepe I am in loue: but
it cannot bee sounded: my affection hath an vnknowne
bottome, like the Bay of Portugall.

Cel. Or rather bottomlesse, that as fast as you poure
affection in, in runs out.

Ros. No, that same wicked Bastard of *Venus*, that was

zwei bin ich wieder bei dir.

ROSALIND Schön, zieh ab, geh deiner Wege: Das habe ich
geahnt, was Sie für einer sind, alle meine Bekannten haben
mich gewarnt, und ich war auf der Hut, aber Sie haben
mich eingewickelt mit Ihrer Honigzunge. Was solls, eine
Verlassene mehr, und drum komm herbei, Tod. Zwei Uhr,
sagten Sie?

ORLANDO Ja, schöne Rosalind.

ROSALIND Bei meinem Eheschwur und in vollstem Ernst und
so wahr mir Gott helfe und bei allen braven Eiden, die nicht
weiter wehtun, brechen Sie auch nur ein Jota Ihres Verspre-
chens oder kommen auch nur eine Minute nach der Zeit,
sind Sie in meinen Augen der erbärmlichste, eidbrüchigste
und flaueste Verehrer und der allerunwürdigste aus der
großen Horde der Ungetreuen, den Ihre Rosalind sich er-
wählen konnte. Gedenken Sie meiner Drohung und halten
Sie Ihr Versprechen.

ORLANDO So hoch und heilig als wäre meine Rosalind du.
Und nun Adieu.

ROSALIND Die Zeit, der alte Richter, sitzt über euch Übeltäter
und die Zeit wird es weisen. Adieu.   *Orlando ab.*

CELIA Mit Eurem verliebten Geplapper habt Ihr unser ganzes
Geschlecht in Verruf gebracht. Wir müssen Euch Wams und
Hose über den Kopf rupfen und der Welt zeigen, was der
Vogel mit seinem Nest gemacht hat.

ROSALIND O Kusinchen, Kusinchen, Kusinchen, mein aller-
liebstes Kusinchen, wenn du wüßtest, wie viel Faden tief ich
in Liebe versunken bin. Aber da hilft kein Senkblei: Meine
Neigung ist unergründlich, wie die Bucht von Portugal.

CELIA Oder besser bodenlos, denn soviel das Herz hineingießt,
es läuft über die Zunge wieder heraus.

ROSALIND Nein, den boshaften Bankert der Venus, den der

begot of thought, conceiu'd of spleene, and borne of madnesse, that blinde rascally boy, that abuses euery ones eyes, because his owne are out, let him bee iudge, how deepe I am in loue: ile tell thee *Aliena*, I cannot be out of the sight of *Orlando*: Ile goe finde a shadow, and sigh till he come.

Cel. And Ile sleepe.   *Exeunt.*

Scena Secunda.

Enter Iaques and Lords, Forresters.

Iaq. Which is he that killed the Deare?
Lord. Sir, it was I.
Iaq. Let's present him to the Duke like a Romane Conquerour, and it would doe well to set the Deares horns vpon his head, for a branch of victory; haue you no song Forrester for this purpose?
Lord. Yes Sir.
Iaq. Sing it: 'tis no matter how it bee in tune, so it make noyse enough.

Musicke, Song.

What shall he haue that kild the Deare?
His Leather skin, and hornes to weare:
Then sing him home, the rest shall beare this burthen;
Take thou no scorne to weare the horne,
It was a crest ere thou wast borne,
Thy fathers father wore it,
And thy father bore it,
The horne, the horne, the lusty horne,
Is not a thing to laugh to scorne.   *Exeunt.*

Kopf gezeugt, der Unmut ausgetragen und der Wahn zur Welt gebracht hat, diesen blinden Lausebengel, der allen die Augen verdreht, weil seine eignen außer Funktion sind, ihn laß darüber richten, wie tief ich verliebt bin. Ich sage dir, Aliena, ohne Orlandos Anblick kann ich nicht sein. Ich lege mich irgendwo in den Schatten und seufze, bis er kommt.

CELIA Und ich schlafe.

IV, 2

Jaques, Lords

JAQUES Wer ist der, der den Hirsch erlegte?

LORD 1 Sir, das war ich.

JAQUES Wir präsentieren ihn dem Herzog wie einen römischen Triumphator, und es wäre passend, ihm das Gehörn des Hirschen auf den Kopf zu setzen wie einen Siegeskranz. Habt ihr kein Lied, Jäger, zu diesem Anlaß?

LORD 2 Haben wir, Sir.

JAQUES Singt es. Es muß nicht schön klingen, solange es Lärm macht.

LORDS Was belohnt ihn, der den Hirsch erlegt?

Daß die Lederhaut er und das Horn uns trägt.

JAQUES Dann singt ihn heim, der Rest trägt die Jagdbeute.

LORDS Was belohnt ihn, der den Hirsch erlegt?

Daß die Lederhaut er und das Horn uns trägt.

Trag du das Horn nur ohne Zorn

'ne Helmzier wars, eh du geborn:

Dein Vatersvater trug es

Und deinen Vater schlug es

Das Horn, das Horn, das harte Horn

Scœna Tertia.

Enter Rosalind and Celia.

Ros. How say you now, is it not past two a clock?
  And heere much *Orlando*.
Cel. I warrant you, with pure loue, & troubled brain,
              Enter Siluius.
  He hath t'ane his bow and arrowes, and is gone forth
  To sleepe: looke who comes heere.
Sil. My errand is to you, faire youth,
  My gentle *Phebe*, did bid me giue you this:
  I know not the contents, but as I guesse
  By the sterne brow, and waspish action
  Which she did vse, as she was writing of it,
  It beares an angry tenure; pardon me,
  I am but as a guiltlesse messenger.
Ros. Patience her selfe would startle at this letter,
  And play the swaggerer, beare this, beare all:
  Shee saies I am not faire, that I lacke manners,
  She calls me proud, and that she could not loue me
  Were man as rare as Phenix: 'od's my will,
  Her loue is not the Hare that I doe hunt,
  Why writes she so to me? well Shepheard, well,
  This is a Letter of your owne deuice.

Sil. No, I protest, I know not the contents,

Ist euch kein Ding für Spott und Zorn
Das Horn, das Horn, das harte Horn
Ist euch kein Ding für Spott und Zorn.

Jaques mit den Lords ab.

IV, 3

Rosalind, Celia

ROSALIND Was sagt Ihr, ist es nicht nach zwei? Und hier
wimmelts von Orlandos.

CELIA Ich garantiere Euch, der, mit seiner reinen Liebe und
seinem wirren Kopf, hat nach Pfeil und Bogen gegriffen
und sich aufs Ohr gelegt. Seht, wer da kommt.

Silvus

SILVIUS Mein Auftrag geht an Euch, mein schöner Herr
Euch dies zu bringen, bat mich meine Phoebe.
Den Inhalt kenn ich nicht, doch ich errate
Aus der gefurchten Stirn und der Gereiztheit
Die sie beim Schreiben an den Tag gelegt hat
Daß er von Ärger spricht. Verzeiht mir, bitte
Ich bin nur der unschuldige Bote.

ROSALIND Die Langmut selbst muß dieser Brief erzürnen
Und den Maulheld spielen lassen, denn
Wer ihn hinnähme, nähme alles hin.
Sie schreibt mir, ich sei häßlich, ungezogen
Hochnäsig, und sie könne mich nicht lieben
Und wären Männer selten wie der Phoenix.
Bei Gott, nicht ihre Liebe ist der Hase
Den ich jage. Wieso schreibt sie so?
Schäfer, gebts zu: Der Brief hier stammt von Euch.

SILVIUS Nein, ich schwöre, ich weiß nicht, was drinsteht

Phebe did write it.

Ros. Come, come, you are a foole,
    And turn'd into the extremity of loue.
    I saw her hand, she has a leatherne hand,
    A freestone coloured hand: I verily did thinke
    That her old gloues were on, but twas her hands:
    She has a huswiues hand, but that's no matter:
    I say she neuer did inuent this letter,
    This is a mans inuention, and his hand.

Sil. Sure it is hers.

Ros. Why, tis a boysterous and a cruell stile,
    A stile for challengers: why, she defies me,
    Like Turke to Christian: womens gentle braine
    Could not drop forth such giant rude inuention,
    Such Ethiop words, blacker in their effect
    Then in their countenance: will you heare the letter?

Sil. So please you, for I neuer heard it yet:
    Yet heard too much of *Phebes* crueltie.

Ros. She *Phebes* me: marke how the tyrant writes.
    Read. *Art thou god, to Shepherd turn'd?*
    That a maidens heart hath burn'd.
    Can a woman raile thus?

Sil. Call you this railing?

Ros. Read. *Why, thy godhead laid a part,*
    War'st thou with a womans heart?
    Did you euer heare such railing?
    Whiles the eye of man did wooe me,
    That could do no vengeance to me.
    Meaning me a beast.
    If the scorne of your bright eine

Phoebe schrieb ihn.

ROSALIND Kommt, Ihr seid ein Narr
Um den Verstand gebracht vor lauter Liebe.
Ich sah ihre Hand, sie hat 'ne Hand
Wie Leder, kalksteingelb, ich dachte wirklich
Sie trüge alte Handschuh, aber nein
Ihre Hände warens, Hausfraunhände.
Doch davon ab, der Brief stammt nicht von ihr
Er stammt von einem Mann und Manneshand.

SILVIUS Doch, 's ist ihrer.

ROSALIND   Wie, der Rüpelstil
Der grausige, als wolle sie mich fordern?
Kein Türke bietet so dem Christen Trotz:
Kein sanftes Fraungemüt wirft mit so groben
Äthiopischen Begriffen, schwärzer noch
Durch ihren Tenor als durch ihre Tinte.
Soll ich den Brief verlesen?

SILVIUS   Bitte tut das.
Kenne ich auch ihn nicht, kenne ich
Doch Phoebes Grausamkeit nur allzu gut.

ROSALIND Sie phoebisiert mich. Hört, was der Tyrann schreibt.
Legst du, ein Gott, als Schäferscherz
Feuer an ein Mädchenherz?
Schimpft so vielleicht eine Frau?

SILVIUS Das nennt Ihr Schimpfen?

ROSALIND *Ließest du die Gottheit liegen*
Ein Frauenherz hier zu bekriegen?
Habt Ihr je ein solches Geschimpfe vernommen?
Als Menschenaugen für mich glühten
Vermochte ich mich wohl zu hüten.
Mich hält sie wohl für eine Bestie.
Wenn schon der Spott in deinen Blicken

Haue power to raise such loue in mine,
Alacke, in me, what strange effect
Would they worke in milde aspect?
Whiles you chid me, I did loue,
How then might your praiers moue?
He that brings this loue to thee,
Little knowes this Loue in me:
And by him seale vp thy minde,
Whether that thy youth and kinde
Will the faithfull offer take
Of me, and all that I can make,
Or else by him my loue denie,
And then Ile studie how to die.

Sil. Call you this chiding?

Cel. Alas poore Shepheard.

Ros. Doe you pitty him? No, he deserues no pitty:
wilt thou loue such a woman? what to make thee an in-
strument, and play false straines vpon thee? not to be en-
dur'd. Well, goe your way to her; (for I see Loue hath
made thee a tame snake) and say this to her; That if she
loue me, I charge her to loue thee: if she will not, I will
neuer haue her, vnlesse thou intreat for her: if you bee a
true louer hence, and not a word; for here comes more
company.   *Exit. Sil.*

Enter Oliuer.

Oliu. Good morrow, faire ones: pray you, (if you know)
Where in the Purlews of this Forrest, stands
A sheep-coat, fenc'd about with Oliue-trees.

Cel. West of this place, down in the neighbor bottom
The ranke of Oziers, by the murmuring streame
Left on your right hand, brings you to the place:
But at this howre, the house doth keepe it selfe,

Kraft besitzt, mich zu berücken
Ach, wie werde ich mich wandeln
Wenn sie sanfter mich behandeln?
Ich liebte dich, da du mich schmähtest:
Wie würde mir, wenn du mich bätest?
Er, der diese Post dir bringt
Ahnt nicht, daß mich Liebe zwingt
Brauch ihn als Siegel, unter dem
Du mir sagst, was dir genehm
Ob deine schöne Jugend mich
Und was ich werden will für dich
Annimmt oder von sich weist
Welch letztres Wort mich sterben heißt.

SILVIUS Und das soll Schelten sein?

CELIA   Ach, armer Schäfer.

ROSALIND Tut er Euch leid? Nein, er darf uns nicht leid tun:
So ein Weib zu lieben! Was denn, soll sie aus dir eine Pfeife
machen und schrille Töne auf dir blasen? Unerträglich! Na
schön, schleich dich zu ihr, ich sehe ja, die Liebe hat dich
zu einer zahmen Schlange gemacht, und richte ihr aus: Bei
ihrer Liebe zu mir befehle ich ihr, dich zu lieben. Tut sie
das nicht, nehme ich sie nur, wenn du für sie bittest. Und
jetzt ab mit dir, du treuherziger Liebender und weiter kein
Wort, denn hier nähert sich neue Bekanntschaft.

                          Oliver

OLIVER Guten Tag, ihr Schönen. Bitte, falls
Ihr es wißt, wo findet hier am Waldrand
Ein Schäferhüttchen sich mit Ölbaumgarten?

CELIA Von hier nach Westen, und im Nachbargrund
Folgt Ihr nur den Weiden längs des Bachlaufs
Zu Eurer Rechten und schon seid Ihr da.
Nur, zur Stunde hütet selbst das Haus sich

There's none within.

Oli. If that an eye may profit by a tongue,
   Then should I know you by description,
   Such garments, and such yeeres: the boy is faire,
   Of femall fauour, and bestowes himselfe
   Like a ripe sister: the woman low
   And browner then her brother: are not you
   The owner of the house I did enquire for?

Cel. It is no boast, being ask'd, to say we are.
Oli. *Orlando* doth commend him to you both,
   And to that youth hee calls his *Rosalind*,
   He sends this bloudy napkin; are you he?
Ros. I am: what must we vnderstand by this?
Oli. Some of my shame, if you will know of me
   What man I am, and how, and why, and where
   This handkercher was stain'd.
Cel. I pray you tell it.
Oli. When last the yong *Orlando* parted from you,
   He left a promise to returne againe
   Within an houre, and pacing through the Forrest,
   Chewing the food of sweet and bitter fancie,
   Loe what befell: he threw his eye aside,
   And marke what obiect did present it selfe
   Vnder an old Oake, whose bows were moss'd with age
   And high top, bald with drie antiquitie:
   A wretched ragged man, ore-growne with haire
   Lay sleeping on his back; about his necke
   A greene and guilded snake had wreath'd it selfe,
   Who with her head, nimble in threats approach'd
   The opening of his mouth: but sodainly
   Seeing *Orlando*, it vnlink'd it selfe,

Es ist kein Mensch daheim.

OLIVER   Wenn eine Zunge
Dem Auge Nutzen bringt, dann sollte ich
Euch der Beschreibung nach an Rock und Alter
Kennen: Junger Mann von gutem Aussehn
Mit mädchenhaften Zügen und beträgt sich
Wies ältere Geschwister tun. Das Mädchen
Kleiner als ihr Bruder und auch dunkler:
Gehört nicht euch das Haus, nach dem ich suchte?

CELIA Wir sagen, so gefragt, bescheiden ja.

OLIVER Orlando läßt euch beiden sich empfehlen
Und schickt dem Jüngling, den er Rosalind nennt
Dieses blutbefleckte Tüchlein: Seid Ihr der?

ROSALIND Ich bin es: Nur wie dürfen wir das deuten?

OLIVER Als Zeugnis meiner Schande, wolltet ihr
Wer ich bin und wodurch, warum und wann
Das Tuch befleckt ward, wissen.

CELIA   Bitte sprecht.

OLIVER Als jüngst Orlando Abschied nahm von euch
Versprach er, in zwei Stunden käm er wieder
Und als er durch den Wald lief, in Gedanken
Der Liebe Bitteres wie Süßes kauend
Seht, was ihm geschieht: Er wirft ein Auge
Seitwärts, und nun denkt euch diesen Anblick:
Unter einem Eichbaum, dessen Äste
Moosig vor Alter sind und dessen Krone
Nach hundert Jahren kahl und dürr emporragt
Liegt ein zerlumpter Mann, ganz überpelzt
Von eignem Haar, im Schlaf auf seinem Rücken
Um seinen Hals geringelt eine Schlange
Grüngolden, die den Kopf bedrohlich züngelnd
Seinem offnen Munde nähert. Aber

And with indented glides, did slip away
Into a bush, vnder which bushes shade
A Lyonnesse, with vdders all drawne drie,
Lay cowching head on ground, with catlike watch
When that the sleeping man should stirre; for 'tis
The royall disposition of that beast
To prey on nothing, that doth seeme as dead:
This seene, *Orlando* did approach the man,
And found it was his brother, his elder brother.

Cel. O I haue heard him speake of that same brother,
And he did render him the most vnnaturall
That liu'd amongst men.

Oli. And well he might so doe,
For well I know he was vnnaturall.
Ros. But to *Orlando:* did he leaue him there
Food to the suck'd and hungry Lyonnesse?
Oli. Twice did he turne his backe, and purpos'd so:
But kindnesse, nobler euer then reuenge,
And Nature stronger then his iust occasion,
Made him giue battell to the Lyonnesse:
Who quickly fell before him, in which hurtling
From miserable slumber I awaked.
Cel. Are you his brother?
Ros. Was't you he rescu'd?
Cel. Was't you that did so oft contriue to kill him?
Oli. 'Twas I: but 'tis not I: I doe not shame
To tell you what I was, since my conuersion
So sweetly tastes, being the thing I am.

Kaum sieht Orlando sie, entrollt sie sich
Und schlüpft gewunden kriechend ins Gebüsch
In dessen Schatten wiederum lag reglos
Mit leergesognen Zitzen eine Löwin
Kopf am Boden, nach der Art der Katzen
Lauernd, daß der Schlafende sich rühre
Denn es ist die königliche Weise
Dieses Tieres, Beute zu verschmähen
Die leblos scheint. Das Tier ins Auge fassend
Naht Orlando sich dem Mann und sieht
Sein Bruder ists, sein ältrer Bruder.

CELIA   O
Von diesem Bruder sprach er schon, und er
Beschrieb ihn als den unnatürlichsten
Menschen von der Welt.

OLIVER   Und das mit Recht
Denn unnatürlich war er, wie ich weiß.

ROSALIND Doch zu Orlando: Ließ er ihn als Fraß
Dem leeren Magen dieser Löwenmutter?

OLIVER Er drehte richtig zweimal seinen Rücken
Doch Bruderliebe schlug den Rachedurst
Sein Menschsein, stärker als sein gutes Recht
Trieb ihn dazu, die Löwin anzugreifen
Die er schnell überwand, von welchem Kampflärm
Ich aus meinem Elendsschlaf erwachte.

CELIA Seid Ihr sein Bruder?

ROSALIND   Hat er Euch gerettet?

CELIA Wart Ihrs, der ihm so oft ans Leben wollte?

OLIVER 's war ich, doch bin ichs nicht: Ich schäme mich
Durchaus nicht, zu gestehen, wer ich war
Denn süß schmeckt die Bekehrung mir, seit ich
Das Ding bin, das ich bin.

Ros. But for the bloody napkin?
Oli. By and by:
When from the first to last betwixt vs two,
Teares our recountments had most kindely bath'd,
As how I came into that Desert place.
I briefe, he led me to the gentle Duke,
Who gaue me fresh aray, and entertainment,
Committing me vnto my brothers loue,
Who led me instantly vnto his Caue,
There stript himselfe, and heere vpon his arme
The Lyonnesse had torne some flesh away,
Which all this while had bled; and now he fainted,
And cride in fainting vpon *Rosalinde.*
Briefe, I recouer'd him, bound vp his wound,
And after some small space, being strong at heart,

He sent me hither, stranger as I am
To tell this story, that you might excuse
His broken promise, and to giue this napkin
Died in this bloud, vnto the Shepheard youth,
That he in sport doth call his *Rosalind.*
Cel. Why how now *Ganimed*, sweet *Ganimed.*
Oli. Many will swoon when they do look on bloud.

Cel. There is more in it; Cosen *Ganimed.*
Oli. Looke, he recouers.
Ros. I would I were at home.
Cel. Wee'll lead you thither:
I pray you will you take him by the arme.

ROSALIND   Das Bluttuch aber?
OLIVER Eines nach dem andern. Als wir zwei
   Unser beiderseitig Auserzähltes
   Von A bis Z in heißen Tränengüssen
   Höchst brüderlich gebadet hatten, das auch
   Was mich in den Wald verschlug, ich kürze
   Ab, führte er mich vor den guten Herzog
   Der mit Gewand und Nahrung mich versorgte
   Und der Obhut meines Bruders übergab
   Der mich sogleich in seine Höhle brachte.
   Als er sich umziehn wollte, hatte hier
   An seinem Arm die Löwin sich ein wenig
   Fleisch herausgerissen, und die Wunde
   Hatte all die Zeit geblutet. Darauf
   Fiel er in Ohnmacht, und, in Ohnmacht fallend
   Rief er nach Rosalind. Ums kurz zu machen
   Ich bracht ihn wieder zu sich und verband ihn
   Und nach kleiner Weile, herzensstark
   Sandte er mich her, fremd wie ich bin
   Euch die Geschichte zu erzählen, auf daß ihr
   Sein neuerlich gebrochenes Versprechen
   Ihm vergeben mögt, und mit dem Tuch, gefärbt
   Mit seinem Blut, den jungen Schäfer, den er
   So spaßhaft Rosalind nennt, zu begaben.
CELIA Ja, was denn, Ganymed, mein lieber Ganymed!
OLIVER Das gibts oft, daß einer schlapp macht, wenn er Blut
   sieht.
CELIA Das hier ist mehr. Kusine – Ganymed!
OLIVER Seht, er kommt zu sich.
ROSALIND Ich wollt, ich wär zuhaus.
CELIA Wir sind schon auf dem Weg. Nehmt Ihr ihn wohl
   beim Arm?

Oli. Be of good cheere youth: you a man?
   You lacke a mans heart.
Ros. I doe so, I confesse it:
   Ah, sirra, a body would thinke this was well counterfei-
   ted, I pray you tell your brother how well I counterfei-
   ted: heigh-ho.
Oli. This was not counterfeit, there is too great te-
   stimony in your complexion, that it was a passion of ear-
   nest.
Ros. Counterfeit, I assure you.
Oli. Well then, take a good heart, and counterfeit to
   be a man.
Ros. So I doe: but yfaith, I should haue beene a wo-
   man by right.
Cel. Come, you looke paler and paler: pray you draw
   homewards: good sir, goe with vs.
Oli. That will I: for I must beare answere backe
   How you excuse my brother, *Rosalind.*
Ros. I shall deuise something: but I pray you com-
   mend my counterfeiting to him: will you goe?

Exeunt.

Actus Quintus. Scena Prima.

Enter Clowne and Awdrie.

Clow. We shall finde a time *Awdrie*, patience gen-
   tle *Awdrie.*
Awd. Faith the Priest was good enough, for all the
   olde gentlemans saying.
Clow. A most wicked Sir *Oliuer, Awdrie*, a most vile
   Mar-text. But *Awdrie*, there is a youth heere in the

OLIVER Reiß dich zusammen, Junge. Du ein Mann? Dir fehlts an Mannesmut.

ROSALIND Das tuts, ich geb es zu. Ah, lieber Herr, man könnte auch meinen, das war gut geschauspielert. Bitte, bitte, berichtet Eurem Bruder, wie gut ich geschauspielert habe: Hallo!

OLIVER Das war nicht geschauspielert. Eure Gesichtsfarbe beweist, daß es sich um ein echtes Gefühl handelte.

ROSALIND Geschauspielert, ich sags Euch.

Oliver Na, dann reißt Euch zusammen und schauspielert einen Mann.

ROSALIND Bin schon dabei. Aber ehrlich, von Rechts wegen müßte ich ein Weib sein.

CELIA Komm, du wirst grüner und grüner, laß uns heimgehn. Lieber Herr, kommt mit uns.

OLIVER Das will ich, schließlich muß ich meinem Bruder melden, in welcher Form Ihr ihm vergebt, Rosalind.

ROSALIND Ich werde mir etwas einfallen lassen. Aber bitte sehr, empfehlt ihm meine Schauspielerei. Wollt Ihr das wohl tun?

V, 1

Prüfstein, Traute

PRÜFSTEIN Die Trauzeit wird kommen für uns, Traute, nur die Ruhe, liebwerte Traute.

TRAUTE Der Paster war fein genug, ehrlich, da kann der alte Knacker sagen, was er will.

PRÜFSTEIN I wo, ein höchst unterkomplexer Sir Olli, ein höchst tiefstehender Verdrehworter. Aber, Trautchen, ein

Forrest layes claime to you.

Awd. I, I know who 'tis: he hath no interest in mee
in the world: here comes the man you meane.
Enter William.

Clo. It is meat and drinke to me to see a Clowne, by
my troth, we that haue good wits, haue much to answer
for: we shall be flouting: we cannot hold.

Will. Good eu'n *Audrey.*

Aud. God ye good eu'n *William.*

Will. And good eu'n to you Sir.

Clo. Good eu'n gentle friend. Couer thy head, couer
thy head: Nay prethee bee couer'd. How olde are you
Friend?

Will. Fiue and twentie Sir.

Clo. A ripe age: Is thy name *William*?

Will. *William*, sir.

Clo. A faire name. Was't borne i'th Forrest heere?

Will. I sir, I thanke God.

Clo. Thanke God: A good answer:
Art rich?

Will. 'Faith sir, so, so.

Cle. So, so, is good, very good, very excellent good:
and yet it is not, it is but so, so:
Art thou wise?

Will. I sir, I haue a prettie wit.

Clo. Why, thou saist well. I do now remember a saying: The Foole doth thinke he is wise, but the wiseman
knowes himselfe to be a Foole. The Heathen Philosopher, when he had a desire to eate a Grape, would open
his lips when he put it into his mouth, meaning there-

Hosenmatz rennt hier durch den Wald und erhebt Anspruch auf Euch.

TRAUTE Jo, den kenn ich. Der hat auf mich im Leben kein Anrecht nich. Da kommt der Kerl auch schon gelaufen.

PRÜFSTEIN So ein Torfkopf muß mir Speis und Trank ersetzen. Bei meiner Jacke, wir von der scharfen Zunge werden hart rangenommen: Wir können ja nicht anders, wir müssen sticheln.

WILLIAM Hallo, Traute.

TRAUTE Dir auch Hallo, William.

WILLIAM Euch auchn Hallo, Sir.

PRÜFSTEIN Hallo, mein Bester. Behüte den Kopf, behüte den Kopf, nein, im Ernst, behüte ihn. Wie alt bist du, mein Bester?

WILLIAM Fünfundzwanzig, Sir.

PRÜFSTEIN Ein reifliches Alter. Dein Name lautet William?

WILLIAM William, Sir.

PRÜFSTEIN Ein netter Name. Biste 'n Waldkind?

WILLIAM Ja, Sir, Gott seis getrommelt, 'n Waldkind.

PRÜFSTEIN Gott seis getrommelt ist gut. Biste reich?

WILLIAM Na ja, Sir, so la la.

PRÜFSTEIN So la la ist auch gut, sehr gut, ganz hervorragend gut: und so gut auch wieder nicht, weil nur so la la. Biste 'n helles Köpfchen?

WILLIAM Ja, Sir, ein Dussel bin ich nicht grad.

PRÜFSTEIN Wiederum hübsch gesagt. Da fällt mir eine alte Redensart ein: Der Dussel glaubt, er sei ein Weiser, aber der Weise weiß, er ist ein Dussel. So ein antikischer Philosoph, wenn es den nach einer Weintraube gelüstete, öffnete er schlicht den Mund, um sie hinein zu stecken,

by, that Grapes were made to eate, and lippes to open.
You do loue this maid?

Will. I do sir.

Clo. Giue me your hand: Art thou Learned?

Will. No sir.

Clo. Then learne this of me, To haue, is to haue. For
it is a figure in Rhetoricke, that drink being powr'd out
of a cup into a glasse, by filling the one, doth empty the
other. For all your Writers do consent, that *ipse* is hee:
now you are not *ipse*, for I am he.

Will. Which he sir?

Clo. He sir, that must marrie this woman: Therefore
you Clowne, abandon: which is in the vulgar, leaue the
societie: which in the boorish, is companie, of this female: which in the common, is woman: which together, is, abandon the society of this Female, or Clowne
thou perishest: or to thy better vnderstanding, dyest; or
(to wit) I kill thee, make thee away, translate thy life into death, thy libertie into bondage: I will deale in poyson with thee, or in bastinado, or in steele: I will bandy
with thee in faction, I will ore-run thee with police: I
will kill thee a hundred and fifty wayes, therefore trem-
ble and depart.

Aud. Do good *William.*

Will. God rest you merry sir. *Exit*

     Enter Corin.

Cor. Our Master and Mistresse seekes you: come a-
way, away.

womit er schlagend vor Augen führte, daß, wenn Wein-
trauben gegessen werden sollen, Münder geöffnet werden
müssen. Dieses Mägdelein, du liebst es?

WILLIAM Das tu ich, Sir.

PRÜFSTEIN Gib mir deine Hand. Du bist gelehrt?

WILLIAM Das nicht, Sir.

PRÜFSTEIN Dann lerne dieses von mir: Wer hat, der hat.
Denn es ist eine rhetorische Frage, ob die Weisheit sich aus
dem vollen Mann in den leeren ergießt gleich einem Getränk, das den Krug leert, indem es den Becher füllt. Folglich kommen euch die Bücherhengste samt und sonders
darin überein, daß *ipse* er selbst ist. Du hinwiederum bist
nicht *ipse*, denn er selbst bin ich.

WILLIAM Welcher er selbst, Sir?

PRÜFSTEIN Er, Sir, der diese Frau selbst ehelichen wird.
Darum, du Dussel, verspare, vulgo verkneife dir den Umgang, grob gesagt, den Verkehr mit diesem Frauenzimmer,
gewöhnlich Weib geheißen: Was in Gänze heißt, verspare
dir den Umgang mit diesem Frauenzimmer, oder du ent-
lebst, du Dussel, oder, zu deinem besseren Verständnis, du
stirbst! Oder, um es klar zu sagen, ich bring dich um, ich
mach dich alle, ich übertrage dein Leben in deinen Tod,
deine Freiheit in deine Knechtschaft. Ich befasse mich in
Gift mit dir oder in Stockhieben oder in Eisen. Ich mache
dich mit meiner Mehrheit mundtot, ich walze dich mit
Politik platt, ich lasse dich auf einhundertundfünfzig Arten
hinrichten. Also zittere und tritt ab.

TRAUTE Tus, lieber William.

WILLIAM Gott erhalte Ihnen Ihre gute Laune, Sir.

Corin

CORIN Die Herrschaft sucht Euch. Kommt, schnell, schnell.

Clo. Trip *Audry*, trip *Audry*, I attend,
I attend.   *Exeunt*

Scœna Secunda.

Enter Orlando & Oliuer.

Orl. Is't possible, that on so little acquaintance you
should like her? that, but seeing, you should loue her?
And louing woo? and wooing, she should graunt? And
will you perseuer to enioy her?

Ol. Neither call the giddinesse of it in question; the
pouertie of her, the small acquaintance, my sodaine wo-
ing, nor sodaine consenting: but say with mee, I loue
Aliena: say with her, that she loues mee; consent with
both, that we may enioy each other: it shall be to your
good: for my fathers house, and all the reuennew, that
was old Sir *Rowlands* will I estate vpon you, and heere
liue and die a Shepherd.

Enter Rosalind.

Orl. You haue my consent.
Let your Wedding be to morrow: thither will I
Inuite the Duke, and all's contented followers:
Go you, and prepare *Aliena*; for looke you,
Heere comes my *Rosalinde*.

Ros. God saue you brother.

Ol. And you faire sister.

Ros. Oh my deere *Orlando*, how it greeues me to see
thee weare thy heart in a scarfe.

Orl. It is my arme.

PRÜFSTEIN Und Schritt, Trautchen, Schritt, Trautchen, ich
führe, ich führe.

V, 2

Orlando, Oliver

ORLANDO Ists möglich? Sie gefällt Euch, kaum, daß Ihr ihre
Bekanntschaft gemacht habt? Kaum, daß Ihr sie saht, liebt
Ihr sie? Und kaum, daß Ihr sie liebt, werbt Ihr um sie? Und
kaum umworben, willigt sie auch schon ein? Und Ihr besteht darauf, sie zu besitzen?

OLIVER Stoßt Euch weder an dem Tempo, noch an ihrer Armut, noch an der kurzen Bekanntschaft, an meiner unerwarteten Werbung, noch an ihrer unerwarteten Einwilli-
gung. Sondern folgt mir, wenn ich sage, ich liebe Aliena,
folgt ihr, wenn sie sagt, sie liebt mich, geht mit uns beiden,
wenn wir uns einander versprechen: Es soll zu Eurem Besten sein, denn mein Vaterhaus und alle Einkom-
mensquellen des alten Sir Rowland will ich auf Euch über-
schreiben und hier als ein Schäfer leben und sterben.

Rosalind

ORLANDO Meine Zustimmung habt Ihr. Von mir aus könnt
ihr morgen heiraten, ich lade den Herzog mitsamt seinen
erfreuten Gefolgsleuten ein. Geht und präpariert Aliena,
denn Ihr seht, es naht meine Rosalinde.

ROSALIND Gott mit Euch, Bruder.
OLIVER Und mit Euch, schöne Schwägerin.
ROSALIND O mein geliebter Orlando, wie es mich betrübt,
dich dein Herz in einem Tuch tragen zu sehn!
ORLANDO Es ist mein Arm.

Ros. I thought thy heart had beene wounded with
    the clawes of a Lion.

Orl. Wounded it is, but with the eyes of a Lady.

Ros. Did your brother tell you how I counterfeyted
    to sound, when he shew'd me your handkercher?

Orl. I, and greater wonders then that.

Ros. O, I know where you are: nay, tis true: there
    was neuer any thing so sodaine, but the sight of two
    Rammes, and *Cesars* Thrasonicall bragge of I came, saw,
    and ouercome. For your brother, and my sister, no soo-
    ner met, but they look'd: no sooner look'd, but they
    lou'd; no sooner lou'd, but they sigh'd: no sooner sigh'd
    but they ask'd one another the reason: no sooner knew
    the reason, but they sought the remedie: and in these
    degrees, haue they made a paire of staires to marriage,
    which they will climbe incontinent, or else bee inconti-
    nent before marriage; they are in the verie wrath of
    loue, and they will together. Clubbes cannot part
    them.

Orl. They shall be married to morrow: and I will
    bid the Duke to the Nuptiall. But O, how bitter a thing
    it is, to looke into happines through another mans eies:
    by so much the more shall I to morrow be at the height
    of heart heauinesse, by how much I shal thinke my bro-
    ther happie, in hauing what he wishes for.

Ros. Why then to morrow, I cannot serue your turne
    for *Rosalind*?

Orl. I can liue no longer by thinking.

ROSALIND Ich dachte, die Klauen eines Löwen hätten dein Herz verwundet.

ORLANDO Es ist verwundet, jedoch von den Augen einer Dame.

ROSALIND Hat Euer Bruder Euch erzählt, wie ich eine Ohnmacht geschauspielert habe, als er mir Euer Tüchlein zeigte?

ORLANDO Ja, und noch wunderlichere Dinge.

ROSALIND O, ich weiß, was Ihr meint. Nein, es ist wahr. Nur beim Widderstoßen gehts noch rasanter zu oder in Caesars thrasonischem Geprahle von wegen Ich kam, sah und siegte. Denn sobald Euer Bruder und meine Schwester sich trafen, sahen sie sich in die Augen, sobald sie sich in die Augen sahen, verliebten sie sich, sobald sie sich verliebten, seufzten sie, sobald sie seufzten, fragten sie einander nach der Ursache, sobald sie die Ursache kannten, suchten sie nach Abhilfe, und aus diesen Steigerungen haben sie sich eine Leiter hoch zum Ehestand errichtet, und die ersteigen sie nun unaufhaltbar: Andernfalls sind sie unaufhaltbar auch ohne Ehestand. Die Liebeswut hat sie gepackt, und sie wollen zueinander. Kein Knüppel könnte sie trennen.

ORLANDO Sie werden morgen heiraten, und ich bitte den Herzog zur Hochzeitsfeier. Doch o, wie bitter es ist, das Glück durch die Augen eines anderen Mannes zu sehen! Je mehr ich meinen Bruder glücklich schätzen muß, weil er hat, was er sich wünscht, desto höher wird morgen das Gewicht meines schweren Herzens sein.

ROSALIND Wie das? Darf ich morgen nicht mehr Eure Rosalind vorstellen?

ORLANDO Ich kann nicht länger nur vom Vorgestellten leben.

Ros. I will wearie you then no longer with idle talking. Know of me then (for now I speake to some purpose) that I know you are a Gentleman of good conceit:
I speake not this, that you should beare a good opinion
of my knowledge: insomuch (I say) I know you are: neither do I labor for a greater esteeme then may in some
little measure draw a beleefe from you, to do your selfe
good, and not to grace me. Beleeue then, if you please,
that I can do strange things: I haue since I was three
yeare old conuerst with a Magitian, most profound in
his Art, and yet not damnable. If you do loue *Rosalinde*
so neere the hart, as your gesture cries it out: when your
brother marries *Aliena*, shall you marrie her. I know into what straights of Fortune she is driuen, and it is not
impossible to me, if it appeare not inconuenient to you,
to set her before your eyes to morrow, humane as she is,
and without any danger.

Orl. Speak'st thou in sober meanings?
Ros. By my life I do, which I tender deerly, though
I say I am a Magitian: Therefore put you in your best a-
ray, bid your friends: for if you will be married to morrow, you shall: and to *Rosalind* if you will.

Enter Siluius & Phebe.

Looke, here comes a Louer of mine, and a louer of hers.
Phe. Youth, you haue done me much vngentlenesse,
To shew the letter that I writ to you.
Ros. I care not if I haue: it is my studie

ROSALIND So will ich Euch nicht länger mit unnützem Geschwätz behelligen. Erfahrt also von mir (denn ich habe für das, was ich nun sagen will, gute Gründe), daß ich in Bezug auf Euch die Erfahrung gemacht habe, daß Ihr ein anständiger Mensch seid. Ich sage das nicht, damit Ihr, insofern als ich sage, ich habe erfahren, daß Ihr es seid, eine hohe Meinung von meiner Erfahrung entwickelt. Noch ist es mir um eine höhere Wertschätzung zu tun als eben erforderlich ist, in Euch das Zutrauen zu wecken, daß Ihr Euch selbst zu einem Vergnügen zu verhelfen vermögt und nicht länger mich zu komplimentieren habt. Glaubt mir denn, wenn es Euch genehm ist, daß ich ungewöhnliche Dinge verrichten kann. Seit meinem dritten Lebensjahr stehe ich mit einem Magier in Verbindung, einem Meister seiner Kunst und gleichwohl nicht zu tadeln. Liebt Ihr Rosalind so von ganzem Herzen wie es Euer Verhalten aller Welt kündet, dann sollt Ihr, heiratet Euer Bruder Aliena, sie heiraten. Ich habe erfahren, in welche Meerengen des Schicksals sie hineingetrieben wurde, und es ist mir nicht unmöglich, sie Euch, sofern es Euch nicht unpassend dünkt, morgen vor Augen zu stellen, in Lebensgröße und ganz unbedenklich.

ORLANDO Was redest du da? Hast du getrunken?

ROSALIND Bei meinem Leben, an dem ich trotz meiner Zaubermacht sehr hänge, nein. Also werft Euch in Schale, ladet Eure Freunde: Denn falls Ihr Euch morgen verheiraten wollt, dann sollt Ihr es, und zwar, falls Ihr es wollt, mit Rosalind.

Silvius, Phoebe

Seht, von den beiden da liebt sie mich und er sie.

PHOEBE Junger Freund, das war sehr ungalant
Den Brief, den ich Euch schrieb, laut vorzulesen.

ROSALIND Mir schnurz, ob es das war: Ich bin bemüht

To seeme despightfull and vngentle to you:
you are there followed by a faithful shepheard,
Looke vpon him, loue him: he worships you.

Phe. Good shepheard, tell this youth what 'tis to loue

Sil. It is to be all made of sighes and teares,
And so am I for *Phebe.*

Phe. And I for *Ganimed.*

Orl. And I for *Rosalind.*

Ros. And I for no woman.

Sil. It is to be all made of faith and seruice,
And so am I for *Phebe.*

Phe. And I for *Ganimed.*

Orl. And I for *Rosalind.*

Ros. And I for no woman.

Sil. It is to be all made of fantasie,
All made of passion, and all made of wishes,
All adoration, dutie, and obseruance,
All humblenesse, all patience, and impatience,
All puritie, all triall, all obseruance:
And so am I for *Phebe.*

Phe. And so am I for *Ganimed.*

Orl. And so am I for *Rosalind.*

Ros. And so am I for no woman.

Phe. If this be so, why blame you me to loue you?

Sil. If this be so, why blame you me to loue you?

Orl. If this be so, why blame you me to loue you?

Ros. Why do you speake too, Why blame you mee
to loue you.

Orl. To her, that is not heere, nor doth not heare.

Ros. Pray you no more of this, 'tis like the howling
of Irish Wolues against the Moone: I will helpe you
if I can: I would loue you if I could: To morrow meet

Euch hassenswert und ungalant zu scheinen.
Ein herzenstreuer Schäfer läuft Euch nach:
Seht den an, den liebt, er vergöttert Euch.

PHOEBE Was Lieben heißt, sag du es ihm, mein Schäfer.

SILVIUS Es heißt, gemacht aus Seufzern sein und Tränen
Und das bin ich für Phoebe.

PHOEBE Und ich für Ganymed.

ORLANDO Und ich für Rosalind.

ROSALIND Und ich für keine Frau.

SILVIUS Es heißt, gemacht aus Treue sein und Eifer
Und das bin ich für Phoebe.

PHOEBE Und ich für Ganymed.

ORLANDO Und ich für Rosalind.

ROSALIND Und ich für keine Frau.

SILVIUS Es heißt, aus dem gemacht sein, was wir träumen
Gemacht aus Inbrunst sein, gemacht aus Wünschen
Aus Anbetung, aus Hingabe und Ehrfurcht
Aus Demut, aus Geduld und Ungeduld
Aus Unschuld, aus Verläßlichkeit, aus Sorge
Und das bin ich für Phoebe.

PHOEBE Und das bin ich für Ganymed.

ORLANDO Und das bin ich für Rosalind.

ROSALIND Und das bin ich für keine Frau.

PHOEBE Wenn das so ist, warum liebt Ihr mich nicht?

SILVIUS Wenn das so ist, warum liebt Ihr mich nicht?

ORLANDO Wenn das so ist, warum liebt Ihr mich nicht?

ROSALIND Zu wem sagt Ihr Warum liebt Ihr mich nicht?

ORLANDO Zu ihr, die weder hier ist noch mich hört.

ROSALIND Nun bitte Schluß damit, es ist, als heulten irische
Wölfe den Mond an. Ich werde Euch helfen, wenn ich
kann. Ich würde Euch lieben, wenn ich könnte. Morgen

me altogether: I wil marrie you, if euer I marrie Woman, and Ile be married to morrow: I will satisfie you,
if euer I satisfi'd man, and you shall bee married to morrow. I wil content you, if what pleases you contents
you, and you shal be married to morrow: As you loue
Rosalind meet, as you loue *Phebe* meet, and as I loue no
woman, Ile meet: so fare you wel: I haue left you com-
mands.

Sil. Ile not faile, if I liue.

Phe. Nor I.

Orl. Nor I.   *Exeunt.*

Scœna Tertia.

Enter Clowne and Audrey.

Clo. To morrow is the ioyfull day *Audrey*, to morow
will we be married.

Aud. I do desire it with all my heart: and I hope it is
no dishonest desire, to desire to be a woman of ye world?
Heere come two of the banish'd Dukes Pages.

Enter two Pages.

1. *Pa.* Wel met honest Gentleman.

Clo. By my troth well met: come, sit, sit, and a song.

2. *Pa.* We are for you, sit i'th middle.

1. *Pa.* Shal we clap into't roundly, without hauking,
or spitting, or saying we are hoarse, which are the onely
prologues to a bad voice.

2. *Pa.* I faith, y'faith, and both in a tune like two
gipsies on a horse.

erscheint ihr alle hier bei mir: Wenn ich je eine Frau heirate, und ich heirate morgen, heirate ich Euch. Wenn ich je einen Mann wähle, will ich Euch wählen, und Ihr heiratet morgen. Ich werde Euch Frieden geben, wenn, was Euch zusagt, Euch Frieden gibt, und Ihr heiratet morgen. Liebt Ihr Rosalind, erscheint. Liebt Ihr Phoebe, erscheint. Und liebe ich auch keine Frau, ich erscheine. Und nun machts gut: Meine Anordnungen habt ihr.

SILVIUS Wenn ich noch lebe, bin ich da.

PHOEBE Auch ich.

ORLANDO Auch ich.

V, 3

Prüfstein, Traute

PRÜFSTEIN Morgen ist der große Tag, Trautchen, morgen werden wir getraut.

TRAUTE Das erbitte ich mir mit aller Kraft, und ich hoffe, es ist keine unehrbare Erbittung, wenn ich mir erbitte, eine Weltfrau zu sein. Da kommen zwei Jungchen vom verbannten Herzog.

Page 1, Page 2

PAGE 1 Ist nett, Sie zu treffen, werter Herr.

PRÜFSTEIN Weiß Knöppchen, sehr nett. Kommen Sie, sitzen, sitzen und ein Liedchen.

PAGE 2 Wir stehn zu Diensten, setzen Sie sich in die Mitte.

PAGE 1 Solln wir mir nichts dir nichts loslegen ohne Räuspern oder Spucken oder Heiserkeitsausreden, was sowieso nur Prologe für schlechte Stimmen sind?

PRÜFSTEIN Unbedingt, unbedingt, und bitte einstimmig, wie zwei Tartaren auf einem Gaul.

Song.

It was a Louer, and his lasse,
    With a hey, and a ho, and a hey nonino,
That o're the greene corne field did passe,
    In the spring time, the onely pretty rang time.
When Birds do sing, hey ding a ding, ding.
Sweet Louers loue the spring,

And therefore take the present time.
With a hey, & a ho, and a hey nonino,
For loue is crowned with the prime.
    In spring time, &c.

Betweene the acres of the Rie,
With a hey, and a ho, & a hey nonino:
These prettie Country folks would lie.
    In spring time, &c.

This Carroll they began that houre,
With a hey and a ho, & a hey nonino:
How that a life was but a Flower,
    In spring time, &c.

Clo. Truly yong Gentlemen, though there was no
  great matter in the dittie, yet ye note was very vntunable
1 *Pa.* you are deceiu'd Sir, we kept time, we lost not
  our time.

PAGEN

    Es war ein Schäfer und sein Schatz
      Mit 'nem He! und 'nem Ho! und 'nem Ho Hallo!
    Ein Kornfeld grün, das war ihr Platz
      Im Maien, im Maien, wo fein sichs freit im Freien
    Die Vöglein dabei singen Tirilirilei
      Was liebt, das liebt den Mai.

    In Furchen, wo der Roggen stand
      Mit 'nem He! und 'nem Ho! und 'nem Ho Hallo!
    Da lag das Landvolk beieinand
      Im Maien, im Maien, wo fein sichs freit im Freien
    Die Vöglein dabei singen Tirilirilei
      Was liebt, das liebt den Mai.

    Dies Lied hebt an zu jener Stund
      Mit 'nem He! und 'nem Ho! und 'nem Ho Hallo!
    Da uns das Leben leuchtet bunt
      Im Maien, im Maien, wo fein sichs freit im Freien
    Die Vöglein dabei singen Tirilirilei
      Was liebt, das liebt den Mai.

    Und drum lebt ihr dem Augenblick
      Mit 'nem He! und 'nem Ho! und 'nem Ho Hallo!
    Die Liebe krönt euch Frühlingsglück
      Im Maien, im Maien, wo fein sichs freit im Freien
    Die Vöglein dabei singen Tirilirilei
      Was liebt, das liebt den Mai.

PRÜFSTEIN Wahrlich, meine jungen Freunde, so bedeutungslos die Weise war, so wenig habt ihr den Ton gehalten.

PAGE 1 Da täuschen Sie sich, Sir, wir sind genau im Ton geblieben, wir haben uns nicht vertan.

Clo. By my troth yes: I count it but time lost to heare
such a foolish song. God buy you, and God mend your
voices. Come *Audrie.*   *Exeunt.*

Scena Quarta.

*Enter Duke Senior, Amyens, Iaques, Orlan-
do, Oliuer, Celia.*

Du.Sen. Dost thou beleeue *Orlando,* that the boy
Can do all this that he hath promised?
Orl. I sometimes do beleeue, and somtimes do not,
As those that feare they hope, and know they feare.
Enter Rosalinde, Siluius, & Phebe.
Ros. Patience once more, whiles our cõpact is vrg'd:
You say, if I bring in your *Rosalinde,*
You wil bestow her on *Orlando* heere?
Du.Se. That would I, had I kingdoms to giue with hir.
Ros. And you say you wil haue her, when I bring hir?
Orl. That would I, were I of all kingdomes King.
Ros. You say, you'l marrie me, if I be willing.
Phe. That will I, should I die the houre after.
Ros. But if you do refuse to marrie me,
You'l giue your selfe to this most faithfull Shepheard.
Phe. So is the bargaine.
Ros. You say that you'l haue *Phebe* if she will.
Sil. Though to haue her and death, were both one
thing.
Ros. I have promis'd to make all this matter euen:
Keepe you your word, O Duke, to giue your daughter,
You yours *Orlando,* to receiue his daughter:
Keepe you your word *Phebe,* that you'l marrie me,

PRÜFSTEIN Weiß Knöppchen, das habt ihr, ihr habt meine
Zeit vertan mit eurem bescheuerten Lied. Gott mit euch
und mit euren Stimmen. Komm, Traute.

V, 4

Herzog Ferdinand, Orlando, Oliver, Jaques, Amiens, Celia

HERZOG Glaubst du, Orlando, dieser junge Mann
Kann das, was er versprochen hat, auch halten?
ORLANDO Ich glaube es und glaube es auch nicht
Wie einer ängstlich hofft und ängstlich nicht hofft.
Rosalind, Silvius, Phoebe
ROSALIND Ich bitte um Geduld für die Verhandlung.
Rosalinde, sagt Ihr, wenn ich sie Euch bringe
Wollt Ihr Orlando hier zur Ehe geben?
HERZOG Und gäb ich auch ein Königreich mit ihr.
ROSALIND Und Ihr, Ihr sagt, Ihr nehmt sie, bring ich sie?
ORLANDO Und wär ich König aller Königreiche.
ROSALIND Ihr, wenn ich es will, gebt mir das Jawort?
PHOEBE Und müßt ich eine Stunde später sterben.
ROSALIND Verweigert Ihr jedoch das Jawort mir
Gebt Ihr Euch diesem anhänglichen Schäfer?
PHOEBE Das ist der Handel.
ROSALIND Wenn sie es will, dann nehmt Ihr Phoebe, sagt Ihr?
SILVIUS Und nähme ich mit ihr den Tod zu mir.

ROSALIND Ich versprach, das alles glattzuziehen.
Soll ich Wort halten, haltet Ihr das Eure:
Ihr, o Herzog, gebt ihm Eure Tochter
Ihr nehmt, Orlando, seine Tochter an

Or else refusing me to wed this shepheard:
Keepe your word *Siluius*, that you'l marrie her
If she refuse me, and from hence I go
To make these doubts all euen.   *Exit Ros. and Celia.*

Du.Sen. I do remember in this shepheard boy,
　Some liuely touches of my daughters fauour.
Orl. My Lord, the first time that I euer saw him,
　Me thought he was a brother to your daughrer:
　But my good Lord, this Boy is Forrest borne,
　And hath bin tutor'd in the rudiments
　Of many desperate studies, by his vnckle,
　Whom he reports to be a great Magitian.

　　　Enter Clowne and Audrey.
Obscured in the circle of this Forrest.
Iaq. There is sure another flood toward, and these
　couples are comming to the Arke. Here comes a payre
　of verie strange beasts, which in all tongues, are call'd
　Fooles.
Clo. Salutation and greeting to you all.
Iaq. Good my Lord, bid him welcome: This is the
　Motley-minded Gentleman, that I haue so often met in
　the Forrest: he hath bin a Courtier he sweares.
Clo. If any man doubt that, let him put mee to my
　purgation, I haue trod a measure, I haue flattred a Lady,
　I haue bin politicke with my friend, smooth with mine
　enemie, I haue vndone three Tailors, I haue had foure
　quarrels, and like to haue fought one.

Iaq. And how was that tane vp?
Clo. 'Faith we met, and found the quarrel was vpon

Ihr, Phoebe, schließt mit mir den Ehbund
Weist Ihr mich ab, dann mit dem Schäfer hier
Silvius, wenn sie sich mir verweigert
Heiratet Ihr sie. Und so eile ich
Eure Zweifel sämtlich abzutragen.
HERZOG Mich gemahnt an diesem Schäferburschen
So manch ein Zug ganz stark an meine Tochter.
ORLANDO Als ich ihn zum ersten Mal erblickte
Mylord, da dachte ich, er sei ihr Bruder
Doch dieser Bursche ist ein Landkind, Hoheit
Unterwiesen in den Anfangsgründen
Nicht ganz zweifelsfreier Fertigkeiten
Durch einen Onkel, von dem er behauptet
Er lebe hier als großer Magier
                    Prüfstein, Traute
Verborgen in den Tiefen dieses Waldes.
JAQUES Eine zweite Sündflut muß im Anrollen sein, und diese
    Paare streben der Arche zu. Hier nahen zwei jener sehr un-
    reinen Tiere, die Narren genannt werden in allen Sprachen
    der Welt.
PRÜFSTEIN Salutation und großer Gruß euch allen.
JAQUES Hoheit, heißt ihn willkommen. Das ist der karo-
    köpfige Gentleman, den ich so oft im Wald traf. Er war ein
    Hofherr, schwört er.
PRÜFSTEIN Sollte da wo ein Zweifler sein, der möge mit mir
    die Feuerprobe anstellen. Ich habe mich beim Schreittanz
    gebläht, ich habe eine Lady flattiert, ich habe intrigiert ge-
    gen meinen Freund, meinen Feind charmiert, ich habe drei
    Schneider ruiniert, hatte vier Ehrenhändel und hätte um ein
    Haar einen ausgefochten.
JAQUES Und der wurde wie beigelegt?
PRÜFSTEIN Na ja, wir trafen uns und stellten fest, der Streit

the seuenth cause.

Iaq. How seuenth cause? Good my Lord, like this
fellow.

Du.Se. I like him very well.

Clo. God'ild you sir, I desire you of the like: I presse
in heere sir, amongst the rest of the Country copulatiues
to sweare, and to forsweare, according as mariage binds
and blood breakes: a poore virgin sir, an il-fauor'd thing
sir, but mine owne, a poore humour of mine sir, to take
that that no man else will: rich honestie dwels like a mi-
ser sir, in a poore house, as your Pearle in your foule oy-
ster.

Du.Se. By my faith, he is very swift, and sententious

Clo. According to the fooles bolt sir, and such dulcet
diseases.

Iaq. But for the seuenth cause. How did you finde
the quarrell on the seuenth cause?

Clo. Vpon a lye, seuen times remoued: (beare your
bodie more seeming *Audry*) as thus sir: I did dislike the
cut of a certaine Courtiers beard: he sent me word, if I
said his beard was not cut well, hee was in the minde it
was: this is call'd the retort courteous. If I sent him
word againe, it was not well cut, he wold send me word
he cut it to please himselfe: this is call'd the quip modest.
If againe, it was not well cut, he disabled my iudgment:
this is called, the reply churlish. If againe it was not well
cut, he would answer I spake not true: this is call'd the
reproofe valiant. If againe, it was not well cut, he wold
say, I lie: this is call'd the counter-checke quarrelsome:
and so to lye circumstantiall, and the lye direct.

war eine Causa des siebenten Grades.

JAQUES Wie des siebenten Grades? Eure Hoheit, schließt den Mann ins Herz.

HERZOG Ich bin dabei.

PRÜFSTEIN Gottes Lohn, Sir, ich schließe Euch meinerseits wohin Ihr mögt. Ich dränge mich hier, Sir, in die übrige Landkopulative, um ein Eheversprechen, ganz wie es Brauch ist, erst abzugeben geistig und dann fleischlich zu brechen. Eine unansehnliche Jungfer, Sir, ein schiefer Pott, aber der meinige, gemäß meiner kläglichen Marotte, immer das zu nehmen, was sonst keiner will. Reiche Sittsamkeit haust wie ein Geizhals, Sir, in ärmlicher Hütte, wie Euch die Perle wohnt in der rubbligen Auster.

HERZOG Weiß Gott, er ist schnell und prägnant.

PRÜFSTEIN Schnell verschossen ist des Narren Pfeil und was des süßen Schwachsinns mehr ist.

JAQUES Aber der siebente Grad: Wie habt Ihr festgestellt, daß der Streit eine Causa des siebenten Grades war?

PRÜFSTEIN Durch einen siebenfach retournierten Lügenanwurf, Traute, benimm dich anständig, und zwar so, Sir: Mir mißfiel, wie der Kinnbart eines gewissen Kavaliers getrimmt war. Er läßt mir ausrichten, wenn ich behaupten würde, sein Kinnbart wäre nicht gut getrimmt, sei er der Ansicht, er wäre: Das heißt die Höfische Refusion. Ich lasse ihm erneut ausrichten, er sei nicht gut getrimmt, und er läßt mir ausrichten, er sei nicht getrimmt, um mir zu gefallen: Das heißt der Einfache Stich. Ist er noch nicht gut getrimmt, erklärt er, ich hätte keinen Geschmack: Das heißt der Gröbliche Repuls. Wenn er wieder nicht gut getrimmt ist, gibt er zurück, ich sage nicht die Wahrheit: Das heißt der Beherzte Unglimpf. Ist er immer noch nicht gut getrimmt, sagt er, ich sei ein Lügner: Das heißt der Streit-

Iaq. And how oft did you say his beard was not well
   cut?
Clo. I durst go no further then the lye circumstantial:
   nor he durst not giue me the lye direct: and so wee mea-
   sur'd swords, and parted.

Iaq. Can you nominate in order now, the degrees of
   the lye.
Clo. O sir, we quarrel in print, by the booke: as you
   haue bookes for good manners: I will name you the degrees. The first, the Retort courteous: the second, the
   Quip-modest: the third, the reply Churlish: the fourth,
   the Reproofe valiant: the fift, the Counterchecke quarrelsome: the sixt, the Lye with circumstance: the sea-
   uenth, the Lye direct: all these you may auoyd, but the
   Lye direct: and you may auoide that too, with an If. I
   knew when seuen Iustices could not take vp a Quarrell,
   but when the parties were met themselues, one of them
   thought but of an If; as if you saide so, then I saide so:
   and they shooke hands, and swore brothers. Your If, is
   the onely peace-maker: much vertue in if.

Iaq. Is not this a rare fellow my Lord? He's as good
   at any thing, and yet a foole.
Du.Se. He vses his folly like a stalking-horse, and vnder the presentation of that he shoots his wit.
         Enter Hymen, Rosalind, and Celia.

bare Rekurs. Und so weiter bis zum Konditionallügenanwurf und dem finalen Direktlügenanwurf.

JAQUES Und wie oft habt Ihr behauptet, sein Bart sei schlecht
getrimmt?

PRÜFSTEIN Ich habe mich nicht weiter vorgewagt, als bis zum
Konditionallügenanwurf, und er wagte nicht, mir mit dem
finalen Direktlügenanwurf zu kommen. Woraufhin wir unsere Degen aneinander hielten und schieden.

JAQUES Wollt Ihr so gut sein und die Stufen der Zurückwei-
sung noch einmal aufzählen?

PRÜFSTEIN O Sir, wir streiten wie gedruckt, nach einem Buch,
so wie Ihr Bücher für gutes Benehmen habt. Ich nenne
Euch die Stufen. Eins die Höfische Refusion, zwei der Einfache Stich, drei der gröbliche Repuls, vier der Beherzte
Unglimpf, fünf der Streitbare Rekurs, sechs der Konditionallügenanwurf, sieben der finale Direktlügenanwurf. Eins
bis sechs kann man zurückweisen, nur den finalen
Direktlügenanwurf nicht, da macht man besser bei dem
Konditionallügenanwurf halt, dem mit dem Wenn dann.
Ihr kennt die Geschichte von den sieben Richtern, die
einen Streit nicht schlichten konnten, bis die Parteien selbst
zusammenkamen und einer von den beiden das Wenndann
erfand: Wenn Ihr das und das nicht sagt, dann sage ich das
und das nicht. Woraufhin sie einander die Hände schüttel-
ten und ewige Freundschaft schworen. Das Wenndann ist
Euch der wahre Friedensstifter, da sind jede Menge Mög-
lichkeiten in dem Wenndann.

JAQUES Ist der Knabe nicht ein Unikum, Mylord? Kennt sich
aus mit allem und ist doch ein Narr.

HERZOG Er hängt sich an sein Narrentum wie ein Jäger unter
sein Pferd, um besser zum Schuß zu kommen.

Hymen. *Then is there mirth in heauen,*
   When earthly things made eauen
     attone together,
   Good Duke receiue thy daughter,
   Hymen from Heauen brought her,
     Yea brought her hether,
   That thou mightst ioyne his hand with his,
   Whose heart within his bosome is.

Ros. To you I giue my selfe, for I am yours.
   To you I giue my selfe, for I am yours.
Du.Se. If there be truth in sight, you are my daughter.
Orl. If there be truth in sight, you are my *Rosalind.*
Phe. If sight & shape be true, why then my loue adieu

Ros. Ile haue no Father, if you be not he:
   Ile haue no Husband, if you be not he:
   Nor ne're wed woman, if you be not shee.
Hy. Peace hoa: I barre confusion,
   'Tis I must make conclusion
   Of these most strange euents:
   Here's eight that must take hands,
   To ioyne in *Hymens* bands,
   If truth holds true contents.
   You and you, no crosse shall part;
   You and you, are hart in hart:
   You, to his loue must accord,
   Or haue a Woman to your Lord.
   You and you, are sure together,
   As the Winter to fowle Weather:
   Whiles a Wedlocke Hymne we sing,
   Feede your selues with questioning:

HYMENÄUS *Der Himmel ist erfreut*
  Löst sich ein Erdenstreit
    In freiem Ausgleich auf.
  Guter Fürst, von dort hernieder
  Bringt Hymen Euch die Tochter wieder
    Ja, auf daß Ihr gleich darauf
  Ihre Hand in seine legt
  In dessen Brust das Herz ihr schlägt.
ROSALIND *[zum Herzog]* Euch gebe ich mich, da ich Euer bin.
  [zu Orlando] Euch gebe ich mich, da ich Euer bin.
HERZOG Trügt der Schein nicht, seid Ihr meine Tochter.
ORLANDO Trügt der Schein nicht, seid Ihr Rosalind.
PHOEBE Wenn mich Schein und Form nicht trügen
  Dann Ade, verliebte Lügen.
ROSALIND Keinen Vater mir, der Ihr nicht seid
  Keinen Gatten mir, der Ihr nicht seid
  Keine Gattin mir, die Ihr nicht seid.
HYMENÄUS Ruhe, ho: Zur Konklusion
  Bringe ich die Konfusion
  Des Wunders, das hier stattgefunden.
  Acht hier haben sich verbunden
  Um, mit Hymens Band umwunden
  Ihre Wahrheit zu erkunden.
  [zu Oliver und Celia] Ihn und Euch trennt keine Not.
  [zu Rosalind und Orlando] Euch und ihn trennt nur der Tod.
  [zu Phoebe und Silvius] Wollt Ihr keine Frau zum Mann
  Gelobt Ihr besser ihm Euch an.
  [zu Prüfstein und Traute] Ihr und sie habt euch gefreit
  Wie der Frost die Winterzeit.
  Singen wir das Hochzeitslied
  Und fragt euch nach dem Unterschied

That reason, wonder may diminish
How thus we met, and these things finish.

Song.

Wedding is great Iunos crowne,
   O blessed bond of boord and bed:
'Tis Hymen peoples euerie towne,
High wedlock then be honored:
     Honor, high honor and renowne
     To Hymen, God of euerie Towne.

Du.Se. O my deere Neece, welcome thou art to me,
  Euen daughter welcome, in no lesse degree.

Phe. I wil not eate my word, now thou art mine,
  Thy faith, my fancie to thee doth combine.

Enter Second Brother.

2. Bro. Let me haue audience for a word or two:
  I am the second sonne of old *Sir Rowland,*
  That bring these tidings to this faire assembly.
  Duke Frederick hearing how that euerie day
  Men of great worth resorted to this forrest,
  Addrest a mightie power, which were on foote
  In his owne conduct, purposely to take
  His brother heere, and put him to the sword:
  And to the skirts of this wilde Wood he came;
  Where, meeting with an old Religious man,
  After some question with him, was conuerted
  Both from his enterprize, and from the world:
  His crowne bequeathing to his banish'd Brother,
  And all their Lands restor'd to him againe
  That were with him exil'd. This to be true,
  I do engage my life.

Zwischen Wunder und Verstand
Und was dies mit dem verband.

Lied

Juno krönt der Ehestand
 O Segensbund von Tisch und Bett.
Hymen sorgt in Stadt und Land
 Daß Hof und Haus Bewohner hätt.
Höchste Ehre drum und Ruhm
 Hymen, deinem Schöpfertum.

HERZOG O liebe Nichte, sei mir sehr willkommen:
 Gleich einer Tochter wirst du aufgenommen.
PHOEBE Ich halte dir mein Wort, du bist nun mein:
 Demut und Stolz, sie gehn ein Bündnis ein.

Jakob de Boys

JAKOB Leiht mir für ein, zwei Worte Euer Ohr
 Ich bin Sir Rowlands zweitältester Sohn
 Der Eurem Festkreis diese Nachricht bringt:
 Der Herzog Frederick, vernehmend täglich
 Wie sich der Adel in den Wald hier flüchtet
 Warb ein starkes Heer, das unter ihm
 Sich nahte, seinen Bruder zu ergreifen
 Und ihn dem Halsgericht zu übergeben
 Und kam bis an den Saum der Wildnis hier
 Als ein alter, glaubensvoller Mann
 Ihm ernst entgegentrat, sehr dringlich ihn
 Nach seinem Ziel befrug und ihn bewog
 Dem Kriegszug zu entsagen und der Macht
 Seine Krone dem verbannten Bruder
 Zu erstatten und die Exilierten
 In ihre Rechte wieder einzusetzen.
 Daß dies wahr ist, dafür bürge ich
 Mit meinem Leben.

Du.Se. Welcome yong man:
    Thou offer'st fairely to thy brothers wedding:
    To one his lands with-held, and to the other
    A land it selfe at large, a potent Dukedome.
    First, in this Forrest, let vs do those ends
    That heere were well begun, and wel begot:
    And after, euery of this happie number
    That haue endur'd shrew'd daies, and nights with vs,
    Shal share the good of our returned fortune,
    According to the measure of their states.
    Meane time, forget this new-falne dignitie,
    And fall into our Rusticke Reuelrie:
    Play Musicke, and you Brides and Bride-groomes all,
    With measure heap'd in ioy, to'th Measures fall.

Iaq. Sir, by your patience: if I heard you rightly,
    The Duke hath put on a Religious life,
    And throwne into neglect the pompous Court.
2. Bro. He hath.
Iaq. To him will I: out of these conuertites,
    There is much matter to be heard, and learn'd:
    you to your former Honor, I bequeath
    your patience, and your vertue, well deserues it.
    you to a loue, that your true faith doth merit:
    you to your land, and loue, and great allies:
    you to a long, and well-deserued bed:
    And you to wrangling, for thy louing voyage
    Is but for two moneths victuall'd: So to your pleasures,
    I am for other, then for dancing meazures.

Du.Se. Stay, *Iaques*, stay.
Iaq. To see no pastime, I: what you would haue,

HERZOG   Sei willkommen, Jüngling
    Zu deiner Brüder Hochzeit offerierst du
    Reiche Gaben: Die ihm weggenommnen
    Länderein dem einen und dem andern
    Gar ein ganzes Herzogtum. Jedoch
    Zunächst laßt uns in diesem Wald vollenden
    Was schön hier anhob und hier schön sich schließt:
    Danach soll jeder aus der frohen Runde
    Der diese harte Zeit mit uns ertrug
    Wie es ihm zukommt auch die Freude teilen
    Die unser heimgekehrtes Glück uns schenkt.
    Jetzt wollen wir der neu errungnen Würden
    In ländlich-schlichter Feier uns entbürden:
    Musik! Ihr Stifter unsres Hochzeitstrubels
    Achtet das Maß im Unmaß eures Jubels.
JAQUES Sir, auf ein Wort. Verstehe ich Euch recht:
    Der Herzog hat die Kutte angezogen
    Und hat den Pomp des Hofs verworfen?
JAKOB DE BOYS   Hat er.
JAQUES Ich muß zu ihm. Diese Konvertiten
    Sind unterhaltsam wie sie lehrreich sind.
    [zum Herzog] Euch gönne ich den vormaligen Stand
    Ihr habt durch Einsicht ihn verdient und Weisheit.
    [zu Orlando] Euch eine Liebe, die mir Treue wert scheint.
    [zu Oliver] Euch Landbesitz und Liebe und Beschützer.
    [zu Silvius] Euch ein warmes, schwer verdientes Bett.
    [zu Prüfstein] Und euch den Krach, denn deine Ehereise
    Hat höchstens für acht Wochen Proviant.
    Euch alle euren Spaß, denn wer mich machte
    Will nicht, daß ich beim Tanzen Takte achte.
HERZOG Bleib bei uns, Jaques, bleib.
JAQUES Zu keinem Zeitvertreib. Sonst noch Befehle?

Ile stay to know, at your abandon'd caue. *Exit.*
Du.Se. Proceed, proceed: wee'l begin these rights,
As we do trust, they'l end in true delights. *Exit*

Ros. It is not the fashion to see the Ladie the Epilogue: but it is no more vnhandsome, then to see the
Lord the Prologue. If it be true, that good wine needs
no bush, 'tis true, that a good play needes no Epilogue.
Yet to good wine they do vse good bushes: and good
playes proue the better by the helpe of good Epilogues:
What a case am I in then, that am neither a good Epilogue, nor cannot insinuate with you in the behalfe of a
good play? I am not furnish'd like a Begger, therefore
to begge will not become mee. My way is to coniure
you, and Ile begin with the Women. I charge you (O
women) for the loue you beare to men, to like as much
of this Play, as please you: And I charge you (O men)
for the loue you beare to women (as I perceiue by your
simpring, none of you hates them) that betweene you,
and the women, the play may please. If I were a Woman, I would kisse as many of you as had beards that
pleas'd me, complexions that lik'd me, and breaths that
I defi'de not: And I am sure, as many as haue good
beards, or good faces, or sweet breaths, will for my kind
offer, when I make curt'sie, bid me farewell. *Exit.*

FINIS.

Ihr findet mich in Eurer alten Höhle.

HERZOG Nur zu, nur zu: Laßt uns das Fest beginnen
Durch das wir, wie wir hoffen, nur gewinnen.

Alle ohne Rosalind ab

ROSALIND Es ist nicht eben üblich, eine Dame als Epilog zu
sehen, aber viel unappetitlicher, als einen Herrn als Prolog
zu sehen, ist es auch nicht. Guter Wein braucht keinen
Marktschreier: Wenn das wahr ist, dann ist es auch wahr,
daß ein gutes Stück keinen Epilog braucht. Nichtsdesto-
trotz wird um einen guten Wein viel Aufhebens gemacht,
und gute Stücke werden mit Hilfe guter Epiloge noch besser. In welcher Lage befinde nun ich mich, die ich weder
ein guter Epilog bin, noch euch von der Güte des Stücks
überzeugen kann? Ich bin nicht wie eine Bettlerin ausstaffiert, euch anzubetteln steht mir daher nicht zu. Mir bleibt
nichts, als euch zu beschwören, und ich beginne bei den
Frauen. Bei eurer Liebe zu den Männern, o ihr Frauen,
laßt euch so viel von dem Stück gefallen, als euch zusagt.
Und bei eurer Liebe zu den Frauen, o ihr Männer, (und
ich sehe ja an eurem Lächeln, daß keiner unter euch sie
haßt) laßt das Stück nicht zu Zwistigkeiten zwischen euch
und den Frauen führen. Wäre ich eine von ihnen, würde
ich alle diejenigen von euch küssen, deren Bart mir gefällt,
die nett aussehen und die nicht aus dem Mund riechen.
Und ich bin überzeugt, die mit den hübschen Bärten oder
den netten Nasen oder dem Pfefferminzatem werden,
wenn ich jetzt meinen Knicks mache, mich für diese lie-
benswerte Offerte in Frieden abgehen lassen.

Dramatis Personæ

HERZOG FERDINAND VON BURGUND, verbannt
HERZOG FREDERICK, sein jüngerer Bruder, Usurpator
ROSALIND, Herzog Ferdinands Tochter
CELIA, Herzog Fredericks Tochter
AMIENS, Hofherr des Herzogs Ferdinand
JAQUES, ein Melancholischer Gentleman
LE BEAU, Hofherr des Herzogs Frederick
CHARLES, Ringer des Herzogs Frederick
PRÜFSTEIN, ein Narr
OLIVER, ältester Sohn von Sir Rowland de Boys
JAKOB, zweitältester Sohn von Sir Rowland de Boys
ORLANDO, jüngster Sohn von Sir Rowland de Boys
ADAM, ein alter Diener von Sir Rowland de Boys
DENNIS, Olivers Diener
SIR OLIVER DREHWORT, Ein Landpfarrer
CORIN, ein alter Schäfer
SILVIUS, ein Schäfer, in Phoebe verliebt
WILLIAM, ein Bauernsohn, in Traute verliebt
PHOEBE, eine Schäferin
TRAUTE, eine Bauernmagd
HYMENÄUS, der Hochzeitsgott
Lords und Pagen in Diensten der beiden Herzöge

Die Szene spielt am Hof von Burgund und im Ardenner
Wald

Anmerkungen

I, i, 13   *Oxe* – auch Oxfordianer sehen nicht hinter jedem Ochsen den Grafen von Oxford. Zur biographischen Ebene vgl. Nachwort.

I, i, 15   *mannage* – manage

I, i, 111   *hee* – Var. she (F3)

I, i, 116   *the Forrest of Arden*
im Wald von Arden überlagern den Ardenner Wald je nach Kontext auch englische Wälder, vgl. Nachwort.

I, i, 118   *the old Robin Hood of England*
ausführlich dazu Robin Fox: »Oxford was totally familiar with, and perhaps influenced by, these Sherwood characters.« (156)

I, i, 139   *disswade* – dissuade

I, i, 144   *liefe* – lief, gerne

I, i, 149   *tane* – taken

I, i, 160   *Oli.* – DF (fehlender Name) ergänzt gem. F2

I, i, 167   *misprised* – misprized

I, ii, 5   *and would you yet were merrier*
diese Worte werden seit Rowe durch ein »I« nach *yet* verändert; AE ordnet sie Celia zu

I, ii, 50   *naturall* – Nebensinn natürlicher (illegitimer) Sprößling

I, ii, 53   *perceiueth* – Var. perceiving F2

I, ii, 63   *Pan-cakes* – traditionelle Fastnachtgabe

I, ii, 64   *Mustard*
sogar in der AE wird auf das Wappen Sogliardos (bei Ben Jonson) hingewiesen, das mit seinem Motto *not without mustard* das neuerworbene Wappen des Stratforder Shakspere veralbert (164).

I, ii, 79   *old Fredericke your Father* – Var. Ferdinand

I, ii, 88   *the Beu* – Var. de Beau F2

I, ii, 103   *laid on with a trowell*
mit der Kelle aufgetragen. AE 167 weist auf eine mögliche politische Anspielung auf die unrechtmäßige Praxis des Ritterschlags durch den Earl of Essex in July 1599 in Irland hin. Das könnte Oxfordianern gewiß besser in eine politische Hintergrundgeschichte einbauen als Stratfordianer. Die Übersetzung versucht die unklaren Stellen neutral zu ergänzen.

I, ii, 155   *disswade* – dissuade

I, ii, 249   *quintine* – quintain, hölzerner Dummy für Turniere

I, ii, 256   *toong* – tongue

I, ii, 272   *the taller is his daughter*

an diversen Stellen des Stücks wird mehrdeutig über die Größe der Mädchen gesprochen (I, iii, 123 *I am more then common tall*, IV, iii, 92 *the woman low*), was in den Emendationen der Kommentatoren fortgeführt wird. Auch der Hinweis, daß *tall* im Sinne von *bold* gemeint sein kann, führt nicht zur endgültigen Klarheit,

I, iii, 14   *briers* – Heckenrose

I, iii, 15   *burs* – burrs

I, iii, 21   *hem* – AE sieht hier eine Anspielung auf »the trade call of a prostitute« (179)

I, iii, 27f.   *sodaine* – sudden

I, iii, 87   *doombe* – doom

I, iii, 125   *curtelax* – curtel-axe

I, iii, 126   *A bore-speare in my hand*

ein Wortspiel mit Shake-speare und boar (dem Wappentier Oxfords); zumindest aber ein sehr eindeutiger Beleg, daß der Bindestrich vor speare auf ein Wortspiel hindeutet.

I, iii, 128   *swashing ... marshall* – swash-buckling ... martial

I, iii, 137   *assaid* – assayed

II, i, 3   *Forresters* – foresters

II, i, 8   *Heere feele we not the penaltie of Adam*

AE korrigiert in »only« (189), Theobald schlug »but« vor. Unnötig, denn Adams Strafe war die Arbeit,

II, i, 9   *phange* – fang

II, i, 17   *a precious Iewell*

»It is a precious Jewell to bee plaine« (*A Pedlar*, vgl. NSJ 8, 132)

II, i, 27   *in their* – DF *intheir* korrigiert

II, i, 28   *hanches goard* – haunches gored

II, i, 50   *into a thousand similies*

ein perfekter Beleg für den von Peter Moore (234ff.) konstatierten »Runaway Wit« Oxfords und Shakespeares, der Jaques zumindest teilweise zum alter ego des Verfassers werden läßt.

II, i, 54   *too must* – Var. too much F2

II, i, 62   *poore and broken bankrupt*

ein weiterer alter ego-Aspekt; vgl. *Timon aus Athen*

II, ii, 12   *Gentlewoman* – DF *Centlewoman* korr.

II, ii, 16   *synowie* – sinewy
II, iii, 10   *bonnie priser* – bonny prizer
II, iii, 18   *Orl. Why, what's the matter?* – Zuschreibung korr. (F2)
II, iii, 36   *rode* – road
II, iii, 41   *I haue fiue hundred Crownes*
               Vgl. Edward de Vere an Burghley aus Italien, 24. 9. 1575: »I have
               taken up … five hundred crows« (Looney II, 198)
II, iii, 61   *seruice* – Var. *servants* (Halliwell)
II, iii, 74   *seauentie* – Var. *seauenteene* (Rowe)
II, iv, 4   *merry* – Var. *weary* (D)
II, iv, 15   *crosse* – Anspielung auf *crusaso* (eine Münze)
II, iv, 46   *thy wound* – gem. D korr. aus *they would* F; *their wound* F2
II, iv, 51   *batler* – Var. *batlet* (F2), ein Dialektwort aus Warwickshire
               (AE 206)
II, iv, 52   *chopt* – chapped
II, iv, 53   *peascod* – peasecod
II, iv, 59   *nere* – never
II, iv, 73   *you* – gem. F2 korr. aus *your*
II, iv, 86   *wreakes* – recks
II, iv, 88   *Coate* – cote
II, iv, 94   *Swaine* – swain
II, iv, 97   *if it stand with honestie*
               wenn es ehrenhaftem (höfischem) Verhalten entspricht; weshalb man
               aber nicht gleich von einer »usurpation of the country by the court«
               (AE 209) reden muß.
II, v, 4   *Vnder the greene wood tree*
               ein alter Robin Hood-Refrain (AE 210)
II, v, 6   *turne* – DF *tnrne* korr.
II, v, 7   *throte* – throat
II, v, 49   *Iaq. Thus it goes*
               Die Zuschreibung der Zeile zu Amiens in F wurde korrigiert. Daß
               Amiens auch dies singt (AE 212) ist unwahrscheinlich
II, v, 59   *the first borne of Egypt*
               daß hier auf die (vermeintlich aus Ägypten stammenden) Zigeuner
               und indirekt auf Schauspieler angespielt wird (AE 214), ist recht
               unwahrscheinlich.
II, vii, 7   *iarres* – jars
II, vii, 22   *Call me not foole* – Sprichwort *Fortuna favet fatuis* (AE 217)

II, vii, 23   *diall ... poake* – dial .. poke

II, vii, 29   *And so from houre to houre*
AYLI ist nach *Macbeth* das Stück, in dem am häufigsten von der Zeit die Rede ist (Moore 144). Vgl. auch III, ii, 325. Zumindest ein Indiz für späte Entstehung/Überarbeitung.

II, vii, 41   *braine* – korr. aus *braiue* (DF)

II, vii, 52   *Withall* – korr. aus *Wiithall* (DF)

II, vii, 54   *gauled* – galled

II, vii, 59   *Seeme* – Var. *Not to seeme* (Theobald)

II, vii, 67   *Counter* – wertlose Kleinmünze (AE 221)

II, vii, 91   *any Man.* – korr. aus *any. Man*

II, vii, 96   *Of what kinde should this Cocke come of?*
AE deutet dies als Anspielung auf öffentliche Hahnenkämpfe: Orlando ist in der falschen Show (223). Eine Assoziation, die durch den Text nicht belegt wird und dessen Kontext fragwürdig ist.

II, vii, 128   *knowld* – knolled

II, vii, 152   *seuen ages* – vgl. Nachwort

II, vii, 160   *Ielous* – jealous

II, vii, 165   *sawes* – saws

II, vii, 167   *Pantaloone* – ein direkter Hinweis auf den Einfluß der *commedia dell'arte* (ausführlicher dazu u.a. unsere *Othello*-Edition)

II, vii, 176   *Enter Orlando with Adam*
ein Bruder Shaksperes berichtet, er hätte gesehen wie er von einem anderen Schauspieler auf die Bühne getragen wurde (AE 229). Zur »lameness« vgl. Peter Moore 234ff.

II, vii, 194   *bight* – bite

III, ii, 8   *their barkes* – korr. aus *theirbarkes*

III, ii, 30   *good* – Var. poor (AE3), bad (Hamner), beide unnötig

III, ii, 66   *Ciuet* – civet, Zibetöl

III, ii, 79f.   *Bel-weather* – bell-wether

III, ii, 92   *Linde* – lined

III, ii, 105   *Wintred* – Var. *Winter* F3

III, ii, 113f. *false gallop of Verses, why doe you infect your selfe with them?*
Vgl. Thomas Nashe 1592 über Gabriel Harvey: »I would trot a false gallop through... his ragged Verses, ... to infect my vein with his imitation.« (Chiljan 369)

III, ii, 117   *graffe ... Medler* – graft ... medlar/meddler

III, ii, 128   *shoe* – Var. show (Dialektversion, AE 244f.)

III, ii, 142 *should* – korr. aus *shonld* (DF)

III, ii, 145 *his* – Var. *her* (*hir*) D

III, ii, 155 *Iupiter* – die 1882 zuerst vorgeschlagene Var. *pulpiter* (Priester) ist allzu bemüht (AE 247), den Text zu glätten

III, ii, 173 *nine daies ... wonder*
AE 248 zitiert hierzu nur Heywood; das Sprichwort, daß ein Wunder neun Tage anhält, ist älter (www.phrases.org.uk/meanings/nine-days-wonder.html)

III, ii, 173 *Palme tree* – die lange gesuchte Palme des Ardennerwaldes wurde vermeintlich gefunden: »a tree whose fruit (orlando's verses) has been created in a palm of a hand because it bears *handwriting*« (AE 248, dort steht noch mehr zu dieser absurden Debatte).

III, ii, 175 *berimd since* – korr. aus *berimdsince* (berhymed since)

III, ii, 176 *Irish Rat* – AE zieht Sidneys *Apology* und die »Irish crisis of 1599« zur Erklärung heran (249)

III, ii, 177 *Tro* – Trow

III, ii, 193 *complection* – complexion

III, ii, 221 *word* – an 16 Stellen hat F statt des kleinen »w« die Zeichen »vv«, was hier, da bedeutungslos, ersetzt wurde.

III, ii, 222 *Gargantuas mouth* – zu Shakespeares Rabelais-Kenntnissen vgl. auch *Othello* I, i, 129

III, ii, 234 *fruite* – Var. *such fruite* F2

III, ii, 243 *Hart* – Wortspiel Herz/Hirsch

III, ii, 244 *burthen* – burden, Chorus oder Baßlinie (bourdon), AE 254

III, ii, 255 *God buy you* – Var. God b'wi'you (Dyce)

III, ii, 276 *most* – korr. aus *mosl* (DF)

III, ii, 312 *Gowt* – gout

III, ii, 332f. *Your accent is something finer, then you could purchase in so remoued a dwelling.* – hier beginnt die interne Referenz auf das »Shakespeare-Problem«

III, ii, 334f. *an olde religious Vnckle of mine taught me to speake*
Oxfords puritanischer Onkel (und Lehrer) Arthur Golding brachte ihm durch seine Ovid-Übersetzung tatsächlich im weiteren Sinne das Sprechen bei

III, ii, 351 *defying* – Var. *deifying* (F2)

III, ii, 369f. *accoutrements* – accoutrements

III, iii, 13f. *it strikes a man more dead then a great reckoning in a little roome* hier wird in der Regel eine Anspielung auf Marlowes Tod am 30. 5.

1593 bei einer Wirtshausschlägerei vermutet (Moore 185). AE (266, wo aber von 1591 die Rede ist) versucht hingegen sehr bemüht (wie in AE3 unangenehm häufig), hier einen »scatological joke« zu konstruieren.

III, iii, 52   *euen so; poore men alone* – hinter *so* fehlt in F ein Satzzeichen (hier Semikolon, Theobald setzt einen Punkt)

III, iii, 60   *Mar-text*
historische Referenz auf die religiösen Streitschriften um den pseudonymen *Martin Mar-prelate* um 1588/89, in die auch Oxfords Literatenkreis (Lyly, Nashe, Munday) direkt einbezogen war. Anderson vermutet zusätzlich eine Anspielung auf die frühen Shakespeare-Raubdrucker (Textverderber), die die Ehe Shakespeares (sein alter ego Touchstone) mit seiner Muse aus niederem Stand Audrey ermöglicht haben. Vgl. die gesamte Szene V.i und das Nachwort.

III, iii, 70   *goddild* – God yield (reward) you

III, iii, 88   *Clo.* – gem. F2 korr. aus *Ol.*

III, iii, 91   *O sweet Oliuer*
eine schon 1584 im Stationers' Register eingetragene Ballade (AE 272)

III, iv, 43   *puisny* – puny (frz. puis ne)

III, iv, 49   *Turph* – turf

III, v, 20   *swound* – swoon

III, v, 34   *wounds* – korr. aus *wouuds*

III, v, 48   *'ods* – God save

III, v, 80   *Shepheard ply* – korr. aus *Shepheardply*

III, v, 85f.   *Dead Shepheard, now I find thy saw of might, / Who euer lov'd, that lou'd not at first sight?*
Eine weitere noch deutlichere Marlowe-Referenz (s.o.). AE erfindet sogar eine »advertising function« (81) dieser Erwähnung für Marlowes 1598 postum erschienenen *Hero and Leander*, aus dem das Zitat stammt.

III, v, 111   *yerewhile* – erewhile

III, v, 114   *old Carlot* – AE vermutet eine Anspielung auf den Landaufkäufer John Quarles, frz. ausgesprochen (Carl/Carlo) (284).

III, v, 130   *markt* – marked

IV, i, 3   *me* – *me be* F2

IV, i, 7f.   *abhominable* – abominable

IV, i, 11   *poste* – post

IV, i, 19   *contemplation* – *computation* D

IV, i, 20   *by* – *my* F2

IV, i, 23f.   *you haue sold your owne Lands,/to see other mens*
paßt auch halbwegs zu Ralegh (AE 287), auf den aber weder die melancholische Stimmung noch die völlig Verarmung zutreffen; weitaus mehr paßt dies zum Earl of Oxford, der erheblichen Landbesitz für seine Italienreise verkaufte (vgl. Nachwort)

IV, i, 39   *swam in a Gundello*
erneut versucht AE abzulenken, indem Marston ins Spiel gebracht wird (288f.). Oxford war mehrere Monate in Venedig (vgl. unsere *Othello*-Edition), im Gegensatz zu Ralegh (s.o.)

IV, i, 55   *ioyncture* – jointure

IV, i, 59   *w^c* – which

IV, i, 59   *you are* – korr. aus *youare*

IV, i, 66   *leere* – leer

IV, i, 142   *Aprill when they woe, December when they wed*
Edward de Vere heiratete am 16. 12. 1571 (Looney I 475)

IV, i, 150   *Hyen* – hyena

IV, i, 202   *in, in* – *in, it* F2

IV, iii, 14   *tenure* – tenor

IV, iii, 60   *this loue* – Var. these lines D; eine ähnliche Wortvertauschung in *Edward III*. »That loue [line] has two faults« (AE 306)

IV, iii, 81   *Purlews* – purlieus (jur. Fachsprache)

IV, iii, 84   *Oziers* – osiers

IV, iii, 164   *Died* – dyed

V, i, 1   *Actus Quintus. Scena Prima.*
für Oxfordianer eine zentrale Szene (vgl. Nachwort). Fehlt in D.

V, i, 12   *Enter William.*
»William may possibly have been played by Shakespeare.« (AE 314)

V, i, 17   *God ye good eu'n* – Dialekt (AE 315); der von einigen Forschern gerne beschworene Warwickshire-Spracheinfluß

V, i, 19   *gentle* – »ironic« (AE 315)

V, i, 20   *couer'd* – DF *eouer'd* korrigiert

V, i, 22   *Fiue and twentie* – demnach schreiben wir das Jahr 1589

V, i, 35   *The Foole doth thinke he is wise...*
auch bei Heywood, *Epigrams* (1598) (AE 316)

V, i, 41   *sir* – DF *sit* korr.

V, i, 44   *Then learne this of me, To haue, is to haue.* –
italienisch *avere è avere*, was einem reisenden Engländer wie »a Vere is

a Vere« geklungen haben mag.

V, i, 45   *drink being powr'd out ...*
zur Platon-Parallele vgl. Nachwort

V, i, 47   *ipse* – emphatisch er: er selbst (Shakespeare der Autor)

V, ii, 24   *heart in a scarfe* – Wortspiel heart/hurt (AE 320)

V, ii, 34   *Thrasonicall* – wie Thraso in Terenz' Komödien (AE 320)

V, ii, 99   *obseruance* – Var. *obedience* D

V, ii, 107   *Why do you speake* – Var. *Who...* (Rowe)

V, iii, 12   *hauking* – hawking

V, iii, 17   *Song* – in Thomas Morleys Sammlung *First Book of Airs* (1600) findet sich eine längere Fassung dieses Lieds (der die Übersetzung folgt)

V, iii, 20   *field* – DF *feild* korr.

V, iii, 21   *rang time* – Var. ring-time (AE 329)

V, iv, 7   *feare they hope ... know they feare.* – Var. *fear to hope ... know to fear* (Collier)

V, iv, 9   *cõpact* – compact

V, iv, 35ff. *this Boy is Forrest borne ... a great Magitian*
AE 333 weist auf eine Parallele zu Marlowes *Faustus* hin

V, iv, 52   *I haue vndone three Tailors*
biographische Parallele zu de Vere, der in jungen Jahren sowohl für extravagante Kleidung als auch für ruinösen Lebenswandel bekannt war (vgl. z. B. *Timon aus Athen*).

V, iv, 73   *Vpon a lye*
daß die AE (335) hier bemüht ist, eine schwache Parallele zu Ralegh aufgrund des Allerweltsworts lie (Wortspiel Raw Ly) zu konstruieren soll hier als Beleg für die dünne Luft in den konventionellen Anmerkungsapparaten erwähnt werden.

V, iv, 85   *to* – DF *ro* korr. (trotz *ro lye*, s.o.)

V, iv, 118   *his hand* – Var. *her hand* F3

V, iv, 146   *boord* – board

V, iv, 169   *restor'd to him*
Var. them D; wieder einmal (fast überflüssig zu sagen) klingt hier de Veres Lebensthema an: Kampf um verlorenen (d. h. in einer aristokratischen Gesellschaft aberkannten) Grundbesitz (vgl. Fox u.a.)

V, iv, 177   *were* – DF *wete* korr.

V, iv, 203   *rights* – Var. rites (Rowe)

V, iv, 207f. *good wine needs no bush*

vgl. de Veres vielsagende Eloge auf Spenser: *For when men know the goodness of the wine, / 'Tis needless for the host to have a sign.* (NSJ 3, 74)

Nachwort

Zu dieser Edition

Im Nachwort zum ersten Band dieser Ausgabe (*Timon aus Athen*) haben wir die Prinzipien unserer Edition (die auch als Studienausgabe nutzbar ist) dargelegt und ausführlich die Entscheidung begründet, auf den englischen Originaltext zurückzugehen. Zusammengefaßt:

* Als englischer Text wird der bestverfügbare Originaltext des Stücks weitgehend wort- und zeichengetreu dargeboten: in diesem Falle der der ersten Folioausgabe (F) von 1623.
* Die deutsche Übersetzung ist auch als Kommentar zum englischen Text zu verstehen, da sie den Leser in der Regel schnell den Sinn des Originaltextes erfassen läßt und bei Zweifelsfällen erläuternd wirkt. Auf diese Kommentarfunktion ist sie natürlich nicht beschränkt, sondern sie steht in einem Dialog mit dem Original, der an jeder Stelle der Ausgabe nachvollziehbar sein soll.
* Bei fehlenden Vokabeln hilft meist ein einfaches Nachschlagen in Wörterbüchern (nicht nur auf Smartphones ständig verfügbar).
* Fast alle – bei Shakespeare häufiger als bei anderen Autoren zu findenden – seltenen Ausdrücke sind in der Orthographie meistens (nahezu) identisch mit der heutigen Schreibweise, was daran liegen mag, daß die sperrigen Vokabeln des Urtextes fast immer noch dieselben sind wie vor mehr als 400 Jahren – und heute genauso selten wie zur Shakespeare-Zeit. Altertümlich anmutende Wörter sind eher nicht durch altertümliche Schreibweise fremd.

sondern durch ihre Seltenheit, ja Einzigartigkeit. Man kann das auch so ausdrücken: Shakespeare hat die englische Sprache weitgehend erfunden und seine Erfindungen sind immer noch in Gebrauch.

* Im Anhang wird bei einigen orthographisch abweichenden Wörtern zusätzlich die moderne Schreibweise angegeben. Offensichtliche Druckfehler und von verschiedenen Herausgebern vorgeschlagene denkbare Varianten werden ebenfalls vermerkt und ggf. diskutiert.

* Nicht normiert und kommentiert wird der auf den ersten Blick merkwürdig anmutende historische Gebrauch des »u« und »v«; daran kann (und wird) man sich gewöhnen.

* Das Prinzip der wort- und zeichengenauen Wiedergabe des Folio-Textes sollte nicht in dem Sinne mißverstanden werden, daß man sich hier auch in jedem äußerlichen Detail an diese Vorlage hält. Hierzu sei auf im Internet bereitgestellte Reproduktionen verwiesen bzw. auf die Faksimileausgabe der First Folio.

Nicht besprochen wurden bisher stillschweigende Grundprinzipien dieser Edition wie z. B. das Maß an Kommentar im Verhältnis zum Text, die Zurückhaltung des Kommentars im Verhältnis zum Text des Autors oder die Zumutung, die darin besteht, dem Leser die Arbeit des eigenen Nachdenkens zuzumuten anstatt ihn redselig mit Interpretationen einzulullen. Übereinkunft unter den Herausgebern ist eine Art Interpretations- und Deutungsverbot: davon gibt es zu viel außerhalb dieses schmalen Bandes, als daß wir uns diesem Gewerbe anschließen wollten. Bei *As You Like It* wird in einem zentralen Punkt von diesem Vorsatz abgewichen, dazu weiter unten mehr.

Zum Stück

Textgrundlage

Der maßgebliche Quelltext von *As You Like It* ist wieder einmal die erste Folioausgabe von 1623 (F); sie wäre nahezu einhellig zu verwenden, wenn es da nicht auch noch die späte Manuskriptfassung (besser Abschrift) des sogenannten Douai-Manuskriptes (D) von 1694/95 gäbe (AE 374), die wohl ursprünglich auf einer älteren Version des Textes beruhte und in einigen wenigen Fällen zum Vergleich herangezogen werden kann. Im Zweifelsfalle muß sie jedoch zurücktreten, was noch mehr für die vermeintliche Quelle Thomas Lodge gilt, die in textkritischer Hinsicht ohne Belang ist und üblicherweise nur zum Vergleich der Inhalte herangezogen wird.

Literarische Quellen

Eine Identifizierung von gelesenen Werken, die im Stück nachwirken, müßte (wie eigentlich immer bei Shakespeare) sehr früh beginnen, z. B. bei Pierre de Ronsard, der 1564 schrieb:

> Le monde est la Theatre, et les hommes acteurs
> La Fortune qui est maistresse de la scene
> Apreste les Habitz, et de la vie humaine.
> Les cieux et les Destins sont les grans spectateurs
> En gestes differens, en differens Langages,
> Roys, Princes et Bergers jouent leurs personages
> Devant les yeux de tous, sur l'escharfant commun ...
> [zitiert bei Malim 51]

Malim schreibt hierzu, daß Shakespeares Echo dieser Stelle »einem Plagiat gefährlich nahekommt«. Der starke Einfluß Ronsards und anderer französischer Dichter wurde in letzter Zeit vermehrt untersucht und belegt [Malim]; die o. a. Stelle spricht für eine Beeinflussung in frühen Jahren. Hier beginnend ließe sich bei unbefangener Betrachtung ein weiter Rahmen ziehen, der den literarischen Horizont absteckt, von dem ein Werk wie *As You Like It* begrenzt wird. In der konventionellen Literatur wird dieser Rahmen jedoch wesentlich enger in erster Linie durch die Parallelen zum Werk *Rosalynde* (1590) von Thomas Lodge gebildet.

Thomas Lodge, geboren ca. 1558, war einer der zahlreichen Schriftsteller, die in den 1590er Jahren im Shakespeare-Umkreis publizierten (wie z. B. Robert Greene, mit dem er ein Drama produzierte) und um die sich zahlreiche Legenden und Zuschreibungen spinnen. Die wortreiche Arden-Edition (3. Serie) z. B. meint, daß die legendäre Sentenz (aus dem Greene untergeschobenen *Groatsworth of Wit* von 1592) von der »aufstrebenden Krähe, die sich mit unseren Federn schmückt« ebensogut von Lodges hätte geäußert werden können (80), denn der hier vermeintlich angesprochene Shakespeare hätte sich ausführlich bei Lodge bedient: »Several of Shakespeare's plays bear witness to the dramatist's enormous admiration for Lodge's *Rosalynde*. He drew on the novella, probably shortly after its first printing in 1590« (80) etc. - außer in *As You Like It* auch noch in *The Two Gentlemen of Verona* und *The Winter's Tale.*

Abgesehen davon, daß es merkwürdig ist, daß die Bewunderung durch den großen Shakespeare sich nicht bis in die heutige Zeit fortgesetzt hat (denn tatsächlich kennt und schätzt heute so gut wie niemand diesen Autor), wird umgekehrt »ein Schuh draus«. Schon der Titel gibt den Hinweis:

Rosalynde or, Euphues' Golden Legacie. Lodge war also Eu-
phuist (ein weiteres Werk *Euphues Shadow, the Battaile of the
Sences* erschien 1592), ein getreuer Gefolgsmann jener literarischen Schule, die 1578 mit John Lylys *Euphues: The Ana-
tomy of Wyt* begründet wurde. Lyly war seinerzeit Sekretär
des Grafen von Oxford, widmete jenem auch sein nächstes
Werk (*Euphues and his England*) und läßt keinen Zweifel
übrig an der Annahme, daß Oxford Euphues war, das Haupt
dieser literarischen Schule, deren Einfluß auf *As You Like It*
Charlton Ogburn Jr. so zusammenfaßt: Jaques »is simply
Euphues Redivivus« (Ogburn 628).
Generell gilt für alle Quellendiskussionen das von Peter
Moore minutiös dargelegte Prinzip, daß in der Regel a priori
definierte chronologische Annahmen die Abhängigkeit
zweier Quellen voneinander festlegen:

> »Ebenso müssen Vermutungen, daß Shakespeare von die-
> sem oder jenem zeitgenössischen englischen Autor abge-
> schrieben hat, ignoriert werden, solang nicht ausgeschlos-
> sen werden kann, daß der andere von Shakespeare abge-
> schrieben hat.« (JB 4, 31)

Wenn demnach gesichert wäre (was tatsächlich nicht gesichert ist), daß *As You Like It* erst nach 1590 entstand (und
zwar ausschließlich), wäre Lodge die Quelle, wenn das Stück
schon vorher existierte, läge die Beeinflussung anders herum.
Unabhängig davon ist leicht festzustellen, daß Lodges Werk
von wesentlich anderem Charakter als *As You Like It* ist. Aus
der hypothetischen Perspektive »Shakespeare folgt Lodge«
stellt sich das so dar: »Shakespeare takes Lodge's basic story,
discards all deaths and most of the physical violence, and
introduces more family relationships and extra characters,

including the lovers, Touchstone and Audrey« (Gilvary 141). Die in der Tat nicht von Lodge »entlehnten« Figuren Touchstone und Audrey sind weiter unten noch besonders zu würdigen. Da auch die AE die Gegenüberstellung mit Lodge hauptsächlich in den Fußnoten (und eher als lästige Pflichtübung) abhandelt, lassen wir es hiermit genug sein.

The seven Ages of man/Siena

Seit ca. zwei Jahrhunderten hat sich eine Heerschar von Gelehrten aufgemacht, nach genauer Textlektüre (und mehr oder weniger uneingestanden mit einigen impliziten Annahmen über den Verfasser im Hinterkopf) in allen erreichbaren Quellen Parallelen, Ähnlichkeiten und Entsprechungen aufzuspüren. Das 19. Jahrhundert war in dieser Suche noch unbefangener, andererseits aber auch gelehrter, da literarische Bildung zu jener Zeit einen höheren Stellenwert einnahm als im 20. und, bereits heute absehbar, im 21. Jahrhundert. Heute wie schon seit einiger Zeit (dies mag ein weiterer Effekt des Rückgangs literarischer Bildung sein) ist das Publikum dieser Gelehrten optimistisch davon überzeugt, daß nur die besten und überzeugendsten Forschungsergebnisse ihren Eingang in die sogenannten »Standardausgaben« gefunden haben. Schon am Verhältnis Text/Kommentar ist meistens abzulesen, daß inzwischen ein genereller Trend zum universitär gesponserten Spezialistentum, zur Materialanhäufung bis hin zur endgültigen Übersättigung des lesemüden Publikums vorherrscht.

Nun haben sich seit nahezu 100 Jahren auch die Oxfordianer und schon etwas früher andere »Skeptiker« an dieser Forschung beteiligt und ihrerseits eine wachsende Menge an schon bisher bekannten und auch unbekannten Quellen

219

aufgespürt, die sich zwar in Quantität und manchmal auch Subtilität nicht mit den andernorts gesammelten messen können, aber ebenso mit dem Anspruch auf Wahrheit und damit auch mit der Idee höherer Werk- und Lebenstreue antreten. Christopher Paul hat anhand des berühmten Monologs über die Lebensalter ausführlich dargelegt, daß auch aus neutraler Sicht die Quellen sich so zusammenfassen lassen, daß im Hintergrund immer wieder der Graf von Oxford aufscheint wie das bucklige Männlein im Gedicht:

»Es kann hier dargelegt werden, daß für die drei Hauptquellen des Lebensalter-Monologs eine Verbindung zum 17. Grafen von Oxford geknüpft werden kann. Ein Strang ist Oxfords vermutliche direkte Kenntnis des berühmten Mosaiks der Sieben Lebensalter in der Kathedrale in Siena, Italien. Einen zusätzlichen Bezug liefert ein 1575 erschienenes Buch des Übersetzers und Staatsmannes Sir Geoffrey Fenton, das die Orthodoxie seit langem als eine der Quellen Shakespeares erkannt hat; er war ein Mann mit engen Verbindungen zu Edward de Vere. Die dritte Stütze ist die erste englische Publikation des hellenistischen anonymen ›Axiochus‹ aus dem Jahre 1592, einem fiktiven Dialog über den Tod, in dem das aufeinanderfolgende Elend des menschlichen Lebens in einer

sehr ähnlichen Art wie von Jaques beschrieben wird - ein Buch, das den Namen des Grafen von Oxford auf der Titelseite nennt.« (Paul)

Vergleicht man hiermit, was in der AE zu finden ist (227f.), deren Anmerkung zwar mit Pythagoras beginnt, aber diesen Zusammenhang unerwähnt läßt, so ist der Eindruck kaum abzuweisen, daß sich auch in diesem Fall auf Basis der oxfordianischen Grundannahme nicht nur eine höhere historische Genauigkeit ergibt, sondern daß jeder neu gefundene Beleg sich als ein Puzzleteil erweisen kann, dessen Zugehörigkeit zu einem immer umfassenderen und genaueren Bild die Grundannahme zunehmend plausibler macht.

Lokalisierung

Der Ardennerwald/Der Wald von Arden

Wie die Metapher vom »goldenen Baum des Lebens« mit dem Hinweis ergänzt wird, dieser sei grün, so kann man sich unter dem Wald von Arden sowohl den glänzenden bukolischen Ardennerwald aus der Dichtkunst zahlreicher Völker und Zeiten als auch den konkreten Wald von Arden in der Grafschaft Warwickshire des 16. Jahrhunderts vorstellen. Diese Feststellung wäre wenig überraschend, wenn nicht der vermutliche Verfasser der unter dem Namen Shakespeare veröffentlichten Stücke genau aus letzterem waldigen Areal (heutzutage würde man eher von einem ländlichen Gebiet sprechen) stammen würde. Damit hätte er ein Stück geschrieben, das in seiner Heimatgegend spielt - was wiederum vermuten läßt, daß in ihm autobiographische Anspielungen zu finden sein müßten.

Warum überhaupt der Wald von Arden? Der Wald wird nicht explizit lokalisiert; die erste Erwähnung (I.i.118ff.) assoziiert, ausgehend von der französischen Rahmenhandlung, *the old Robin Hood of England*, dessen Sherwood Forest jedoch nicht in der Grafschaft Warwickshire angesiedelt war. Als Touchstone dann explizit von Rosalinde mit den Worten »Well, this is the Forrest of *Arden*« begrüßt wird, betont seine Antwort ausdrücklich seine Fremdheit an diesem Ort:

Clo. I, now am I in *Arden*, the more foole I, when I was at home I was in a better place, but Trauellers must be content. (II.iv.17ff.)

Das ist alles an geographischer Genauigkeit, und auch die Referenzen etwa auf den Dialekt der Gegend (II.iv.51, V.i.17) oder das Landleben überhaupt sind unpräzise. Auch die sich nach diesem Wald nennende Arden-Edition verweist darauf, daß der Wald von Arden letztlich ein »Shakespearean myth« (50) sei, und zwar ein nachgelagerter: »1599 that myth was only in the making.« (51). Der Mythos, der hier entstand, ist der Mythos vom Shakespeare aus Stratford, der sich notgedrungen an diesem Wald und vor allem an der Figur des William festmachen muß, und der andere, lebendigere und genauere Lesarten ebenso notgedrungen ignorieren muß. Einen Zusammenhang zwischen dem Festhalten am Mythos und der Unlust, sich von ihm zu trennen hat ja bereits Churchill erahnt: »I don't like to have my myths tampered with.« (lt. Ogburn 162) – wer sich dem anschließen möchte, sollte an dieser Stelle mit der Lektüre aufhören.

William als William

Die Szene V.i fehlt im späten Douai-Manuskript (neben u. a. den lyrischen Szenen II.v und V.iii), was, wenn dieser Text auf einer früheren Version von *As You Like It* beruht, ein Indiz für einen späteren Einschub dieser Szene sein könnte (wie implizit auch Mark Anderson mit seinem Bezug auf Robin Armin vermutet, s.u.).

Daß die Szene auf dem Theater entbehrlich ist, steht außer Frage. In Frage steht, ob allein dieser Umstand den Grund für ihre Weglassung im Douai-Manuskript darstellt – oder, umgekehrt, warum sie, wenn sie denn entbehrlich ist, überhaupt entstanden sein könnte. Da diese letztere Art der Befragung einen Aufschluß verspricht, der nicht unmittelbar dramaturgischer Natur ist, muß sich in ihr eine Mitteilung verbergen, die vom Ablauf der Komödie gerade nicht verlangt wird.

Die Figur des William wird von heutigen Interpreten vielfach als Repräsentant des Stratforders angesehen, ja, mehr als das, der Autor soll obendrein sich hier selbst gespielt haben (AE 314). Der Umstand, daß er gleich von Anfang an von Touchstone als anmaßender Dorftrottel behandelt wird, hat einige dieser Interpreten dazu bewogen, in dieser Szene einen Dialog zwischen dem altem und dem jungen Shakespeare erkennen zu wollen (Malim 189 mit Bezug auf Schoenbaum). Die Szene wäre, so verstanden, ein Kommentar zum Lebensalter-Text Jaques' – nur stößt dies Verständnis auf die Schwierigkeit, daß Touchstone im Gespräch mit William ausdrücklich herausarbeitet, nicht wie William zu sein, und zwar weder der Abkunft nach, noch dem Bildungsgrad nach und auch dem Vermögen nach nicht.

Zunächst deutet Touchstone dem William an, daß er bei ihm etwas lernen könne. Was? »to have is to have« – deutsch

»Wer hat, der hat«. Touchstone fährt fort: »For it is a figure in Rhetoricke, that drink being powr'd out of a cup into a glasse, by filling the one, doth empty the other«, womit er sagen will, daß eben nicht, wie in der rhetorischen Figur, derjenige leerer wird, der den anderen mit seinem Wissen anfüllt: Touchstone kann William davon abgeben, ohne selbst dümmer zu werden. Verwendung findet diese Figur (wie bereits die Ogburns 1952 entdeckten) in Platons Dialog *Das Gastmahl* (175d):

> Sokrates habe neben ihm sich gelagert und ihm erwidert: Das wäre eine schöne Sache, lieber Agathon, wenn es mit der Weisheit eine solche Bewandtnis hätte, daß sie aus dem Volleren von uns in den Leereren hinüberflösse, wenn wir mit einander in Berührung kommen, gleichwie das Wasser durch einen Wollstreifen aus dem vollen Becher in den leeren hinüberfließt. Denn wenn es sich so auch mit der Weisheit verhält, so kann ich es gar nicht hoch genug anschlagen, neben dir zu liegen; denn ich glaube, daß ich dann von dir mit viel herrlicher Weisheit erfüllt werde. (Übersetzung F. Schleiermacher)

Es ist anzunehmen, daß Shakespeare Platons Text kannte. Denn Touchstone setzt hinzu: »For all your Writers do consent, that *ipse* is hee: now you are not *ipse*, for I am he.« Die Verwendung des Wortes »ipse« signalisiert, daß Platon von Shakespeare in einer lateinischen Übersetzung (vermtl. Marsilio Ficino von 1484) gelesen wurde. In der Nähe der zitierten Stelle finden sich zahlreiche »ipse«, zumeist mit Bezug auf Sokrates, z. B. hier:

> Quem Agatho saepe jusserit vocari, quod **ipse** non siverit [Agathon nun habe [öfter] geboten, [ihn] zu [rufen], [was

er selbst] aber nicht zugelassen [habe]. (175 c, Übersetzung Steckel.)

»Ipse« ist hier Sokrates, »das volle Gefäß«, also Touchstone. Die lat. Übersetzung Ficinos hält sich an das griech. Original, auch dort sind »ihn« und »er selbst« nicht ausdrücklich auf Sokrates bezogen. Es ist wahrscheinlich, daß »your writers« sich auf Kommentatoren bezieht, die diese Unklarheit zu beseitigen versuchen, denn William soll sich nicht einbilden, er könne infolge der Wissensübertragung, zu einem Touchstone werden:

»Now you are not *ipse*, for I am he.«

William fragt verdutzt, welcher »er« gemeint sei, worauf Touchstone in einer wütenden, sich steigernden Diatribe (»This is no longer comedy«, Anderson) antwortet, *He sir, that must marrie this woman,* i.e. Audrey, »die Muse« Touchstones! Wenn mit William jener William Shakspere aus Stratford gemeint ist, dessen Identität mit dem Verfasser der Werke eine Selbstverständlichkeit sein soll, so enthält die Szene eine unmißverständliche, scharfe Abgrenzung von dieser These: William ist eben nicht »ipse«, »er selbst« – Touchstone ist es.

»Now you are not *ipse*, for I am he.«

Was man auch übersetzen könnte: du bist nicht ich, ich bin *jener* und **ich bin ich**. Diese in Shakespeares Stücken immer wieder zentral vorkommende Stelle (vgl. Anm. zu Othello I, 1, 71) spiegelt das biblische »I am that I am« (Exodus 3.14) und zugleich das Motto de Veres: *vero nihil verius.* Eine

Variante davon wäre *a Vere is a Vere*, was wiederum eine Lösung für den Rätselsatz am Anfang liefert, denn das italienische *avere è avere* läßt sich mit *to have is to have* übersetzen. Diese Deutung mag man, obwohl sie ein raffinierter, zu Shakespeare passender Witz wäre, als verschwörungstheoretisch betrachten; sie kann aber aufrecht erhalten werden, bis eine bessere geliefert wird. Dies ist noch nicht geschehen, trotz des Verfassers Aufforderung *learn this of me*, was ebensogut lerne *von mir* als auch lerne *über mich* bedeutet.

»I am he«

Wenn William nur William war, dann muß sein Gegenüber Touchstone *eben jener andere* gewesen sein, Shakespeare. Die Indizien, daß jener nun genau Edward de Vere, der 17. Graf

Bilton Hall (Ogburn 713)

von Oxford gewesen sein muß, sind dabei keinesfalls so versteckt und vage wie die pseudo-italienische »to have is to have«-Anspielung.

Ein besonders plastisches und die Phantasie der oxfordianischen Interpreten anregendes Indiz ergibt sich daraus, daß Oxford in unmittelbarer Nähe von Stratford Grundbesitz hatte: Bilton Hall (Barrell in Looney II/364 f.), der wiederum in unmittelbarer Nähe zu Billesley lag, dem Besitz der Familie seiner Großmutter, 3 ½ Meilen von Stratford entfernt, wo einer mündlichen Lokaltradition zufolge As You Like It geschrieben wurde (Anderson 235).

Daß er sich vom Hof zurückzog oder daraus verbannt wurde (Ogburn 246f.), hat Oxford mit einigen Zeitgenossen gemein, daß er einen ähnlichen Rückzug vom Hof in den Wald auch in einem Gedicht thematisierte, rückt ihn weiter in den Focus:

> Fortune should ever dwell
> In court, where wits excel,
>   Love keep the wood.
> ...
> So to the wood went I,
> With Love to live and lie,
>   Fortune's forlorn:
> Experience of my youth,
> Made me think humble Truth
>   In deserts born.

Dieses Gedicht, unterzeichnet mit »E.O.« (Looney 571), wurde 1591 im Anhang der postumen Ausgabe von Sidneys Astrophel and Stella veröffentlicht. Looney sah in As You Like It »but a dramatic expansion of this idea« (160) und zog

Parallelen etwa auch aus »The Shepherd's description of love« heran (623f.). Diese Einschätzung mag übertrieben sein und Looneys Lyrikparallelen bisweilen überstrapaziert, festzumachen sind jedoch in *As You Like It* die nostalgischen Selbstbezüge zu Ovid und Christopher Marlowe, die eine späte Rückkehr zur lyrischen Bukolik der Jugendzeit ansprechen:

Clo. I am heere with thee, and thy Goats, as the most capricious Poet honest Ouid was among the Gothes. III.iii.7f.

Dead Shepheard, now I find thy saw of might,
Who euer lov'd, that lou'd not at first sight? III.v.86f.

it strikes a man more dead then a great reckoning in a little roome III.iii.13f.

Hinzu kommen allgemeinere Charakteristiken wie in der berühmten Stelle »invest me in my motley... medicine«, in der Touchstone wie ein alter ego Hamlets spricht (Ogburn 189), »almost the complete Hamlet« (Ogburn 361) etc. – welche Rolle, wenn nicht Hamlet, wäre ein alter ego Shakespeares? Aus den Anmerkungen sind einige weitere Puzzleteile zu solchen Realien zu entnehmen.
Die direkteste Parallele zu de Vere findet sich jedoch in der Figur Jaques, dem Rosalind entgegenhält:

I fear you haue sold your owne Lands, to see other men's. Then to have seen much and have nothing is to have rich eyes and poor hands (IV.i.23f.)

Genau dies, exakt benannt, sind Oxfords Erfahrungen und nur die seinen, und sie waren zudem fundamental für sein

gesamtes Leben. Nur als bezeichnendes Beispiel einer kommentarischen (milde ausgedrückt) Unzulänglichkeit sei hier erwähnt, daß die AE zur Erläuterung dieser Stelle Ralegh heranzieht (287), der zwar für seine Expedition nach *Guyana* auch Geld aufnahm, aber wie die Fußnote sogar zitiert »to fish for gold«, was man Jaques nicht nachsagen kann. Und außerdem dürfte Jacques dort kaum in einer Gondel gefahren sein wie Oxford in Venedig (IV.i.39).

Jaques wäre demnach ein weiteres alter ego des Verfassers; ob er damit im Gegensatz zu Touchstone steht, dazu kann sich jeder Leser ein Bild aus der Lektüre zusammensetzen.

Datierung

Die Chronologie auch dieses Stücks bezieht sich auf einen langen Zeitraum, in dem einige Hinweise festgemacht werden können, die abermals das Bild einer Genese von mehreren Stufen/Fassungen nahelegen:

Die älteste Schicht bildet die Geschichte der drei Söhne des 1572 hingerichteten Thomas Howard, 4th Duke of Norfolk, dem Sohn des ebenfalls hingerichteten Dichters Henry Howard, Earl of Surrey, ein Freund und enger Verwandter Edward de Veres (so wie Surrey ein literarisches Vorbild Shakespeares war). Eine alte Geschichte, die 1599 jedoch wieder aktualisiert werden konnte:

»*As You Like It* befaßt sich hauptsächlich mit den rechtlich verwickelten Schicksalen der drei Söhne des Herzogs von Norfolk (Sir Rowland de Boys, wie der betrauerte Patriarch im Stück genannt wird). 1577 nahm de Vere an der Hochzeit von Norfolks jüngstem Sohn William mit der Erbin Lady Elizabeth Dacres, [der 3. Frau seines Vaters,

folglich seiner Stiefmutter, St.] teil. Und nun, etwa 22 Jahre nachdem William Howard der jungen Dacre-Tochter [Elizabeth, seiner rechtlichen Stiefschwester, St.] seine Liebe geschworen hatte, erschien endlich Licht am Ende des Tunnels. Zum Zeitpunkt des Besuches von Robert Armin in Hackney erreichte William eine Vereinbarung, der zufolge er für eine exorbitante Entschädigungszahlung von £10.000 (heute etwa $2,5 Millionen) Rechte an der Erbschaft seiner Frau erwerben konnte. De Vere, der selbst niemals sein vollständiges Erbe genoß, fühlte sicherlich mit seinem Cousin. *As You Like It* wurde das Geschenk zur Feier eines kleinen Sieges.« (Anderson)

Weitere schwache historische Reminiszenzen verweisen etwa auf die frühen 1580er Jahre und den immer wieder von Oxfordianern herangezogenen um Königin Elizabeths Hand anhaltenden Herzog Francis Hercules of Alençon und seine Liebespfande (I.ii.203 und 242-244, dazu Malim 105) oder auf Oxfords Streit mit Charles Arundel, den Looney mit Charles the wrestler assoziiert (Looney 181). Die 1584 gedruckte Ballade »Sweet Oliver« (Ogburn 715), das o.a. Oxford-Gedicht (lt. Kreiler 1583/89 entstanden) lassen vermuten, daß eine frühere Version des Stückes aus jenen 80er Jahren stammt.

Die Anspielung auf die Martin Mar-prelate-Kontroverse verweist auf 1588/89; daß William sein Alter mit 25 angibt, verweist ebenfalls auf 1589, ein Jahr, das zwar für eine erste Begegnung zwischen Shakspere und Oxford geeignet wäre, aber nicht zu den Marlowe-Anspielungen im Stück paßt, die auf mindestens 1593 zeigen.

Anderson umgeht dies Problem, indem er William um 10 Jahre älter macht. Damit ist er im Jahre 1599 angekommen,

in dem eine in der Shakespeare-Diskussion inzwischen berühmte Begegnung stattfand zwischen dem Komödianten Robert Armin und seinem »the Right Honorable good my lord my master whom I serve in Hackney«:

1600 erscheint *Quips for Questions*, ein kleines Werk von Robert Armin, der in Shakespeares Ensemble die Narrenrollen zu spielen pflegte. Das Werk enthält eine scherzhafte Widmung an einen »Sir Timothy Trunchion alias Bastinado«. Armin schreibt darin: »wenn ich Montag, der unheilvoll für mich ist, überstehe, werde ich mich selbst glücklich erachten: und obwohl dieses Jahr der Tag der Unschuldigen Kinder auf einen Freitag fällt, birgt für mich dieser Tag keine Gefahren, denn am Dienstag breche ich zu meiner Reise nach Hackney auf (um meinem Sehr Ehrenwerten guten Lord, meinem Meister, dem ich diene, meine Aufwartung zu machen).« Armins Angaben ermöglichen es, das Jahr genau zu bestimmen: 1599 [julianischer Kalender] fiel das Fest der Unschuldigen Kinder, der 28. Dezember, auf einen Freitag. Am Weihnachtstag, Dienstag, machte sich Armin auf den Weg zu seinem Lord in Hackney. Am 26. Dezember 1599 spielten die Lord Chamberlain's men bei Hofe. Sehr wahrscheinlich stieß Armin am Weihnachtstag in Hackney zu diesem Ensemble. Hackney war damals ein Außenbezirk Londons. Es kann sich bei Armins Lord nicht um George Carey, 2. Baron Hunsdon, Lord Chamberlain to the Queen, gehandelt haben, denn der wohnte im Blackfriars-Viertel, im Zentrum Londons. In Hackney wohnte Edward de Vere, 17. Earl of Oxford, Lord Great Chamberlain of England. (Detobel)

Hier zieht Anderson nun die Parallele zu *As You Like It*, was zwar chronologisch spekulativ ist (die Begegnung hätte ebensogut schon vor dieser Aufwartung stattfinden können), jedoch die unmittelbare Nähe des Zusammentreffens zu diesem Stück plausibel suggeriert:

»Es gab zu jener Zeit zwei Adlige, von denen bekannt war, daß sie einen Haushalt in Hackney führten, de Vere und Edward, Lord Zouche. Zouche war 1599 in diplomatischer Mission in Dänemark unterwegs und bereitete sich auf den Umzug zu einem neuen Interimsjob als Gesandter auf der Kanalinsel Guernsey vor. Der einzige ›Right Honorable‹ Lord, dem Armin im Bezirk Hackney persönlich aufgewartet haben konnte, war de Vere.

Armin ist heutzutage berühmt als einer von Shake-speares größten Clowns. Forscher vermuten, daß seine erste Rolle die des Touchstone aus *As You Like It* war. De Vere und Armin arbeiteten während der Ferienzeit der Jahre 1599-1600 vermutlich zusammen, um einem alten Stück über eine alte Familie, der der Verfasser sich seit langem verpflichtet fühlte, den letzten Schliff zu geben. ...

Armins Rolle in *As You Like It*, TOUCHSTONE, ist von entscheidender Bedeutung sowohl als Sprachrohr des Verfassers als auch als komischer Mitstreiter in einer der am meisten unterschätzten Szenen im Shake-speare-Kanon: *As You Like It*, 5. Akt, Szene i ...

Armin war ein quirliger Komiker, dessen Humor Tausende von Londonern begeisterte. Aber sogar er, der auch mit düsterem Material arbeiten konnte, muß aus der Fassung geraten sein, als ihm der Text der Szene überreicht wurde, in der TOUCHSTONE mit einem einfachen Dörfler namens WILLIAM konfrontiert wird.«

Am 4. 8. 1600 wurde *As You Like It* im *Stationers' Register* eingetragen, noch vor den weiteren in diesem Jahr registrierten Stücken, deren letztes *A Midsummer Night's Dream* war. Zu den Gründen, warum ab Abfang 1601 Shakespeare offensichtlich die Edition seiner eigenen Stücke abbrach, haben wir schon in unserer Ausgabe des Mittsommernachtstraums Vermutungen angestellt. Ob *As You Like It* von diesem Abbruch betroffen war oder aus anderen Gründen nicht erschien, kann nicht ermittelt werden, es wurde jedenfalls erst 1623 in der *First Folio* veröffentlicht. Zuverlässige Aufführungsdaten sind nicht belegt.

Uwe Laugwitz/Frank-Patrick Steckel

Literatur

Steckels Shake-speare. Bisher erschienen:

Timon aus Athen/The Life of Tymon of Athens. Buchholz i. d. N., 2013
Die Macbeth Tragödie/The Tragedie of Macbeth. Buchholz i. d. N., 2013
Antonius und Cleopatra/The Tragedie of Anthony and Cleopatra. Buchholz i. d. N., 2013
Die Tragödie von Othello, dem Mohren von Venedig/The Tragedie of Othello, The Moore of Venice. Buchholz i. d. N., 2014
Ein Mittsommernachtstraum/ A Midsommer nights dreame. Buchholz i. d. N., 2014

Weiterführende Literatur

(AE) William Shakespeare: As You Like It. Edited by J. Dusinberre. London 2006 (The Arden Shakespeare, Third Edition)

(Anderson) Anderson, Mark: ›Shakespeare‹ By Another Name. New York 2005.

(Chiljan) Chiljan, Katherine: Shakespeare Suppressed. San Francisco 2011

(Detobel) Detobel, Robert: Der 22. Juli 1598: Ein Tag in der Geschichte der Stationers' Company. In: *Neues Shake-speare Journal* 6, 2001

(Fox) Fox, Robin: Shakespeare's Education. Buchholz i.d.N. 2012

(Looney I) Looney, John Thomas: ›Shakespeare‹ Identified in Edward de Vere, Seventeenth Earl of Oxford. New York/London 1975

(Looney II) Oxfordian Vistas. New York/London 1975

(Malim) Malim, Richard: The Earl of Oxford and the Making of »Shakespeare«. Jefferson, North Carolina, London 2012

(Moore) Moore, Peter R.: The Lame Storyteller, Poor and Despised, Buchholz i.d.N. 2009

(NSJ 3) *Neues Shake-speare Journal* 3, 1999

(Paul) This Strange Eventful History – Oxford, Shakespeare, and The Seven Ages of Man. *SOS newsletter*, Summer 2002

(Vere) Edward de Veres Lyrik. In: *Neues Shake-speare Journal* 8, Buchholz i.d.N. 2003

Steckels Shake-Speare
Editionsplan

The Life of Tymon of Athens/Timon aus Athen (2013)

The Tragedie of Macbeth/Die Macbeth Tragödie (2013)

The Tragedie of Anthony and Cleopatra/Antonius und Cleopatra (2013)

The Tragœdy of Othello, the Moore of Venice/Die Tragödie von Othello, dem Mohren von Venedig (2014)

A Midsommer Nights Dreame/Ein Mittsommernachtstraum (2014)

As you Like it/Wie es euch gefällt (2014)

★ ★ ★

Loues Labour's lost/Verlorene Liebesmüh

The most lamentable Tragedie of Romeo an Iuliet/Die Tragödie von Romeo und Julia

The Tragedie of Cymbeline/Cymbeline

The Tragedie of King Richard the second/Die Tragödie von König Richard II.

The Life and Death of King John/Leben und Sterben des Königs John

The Raigne of King Edward the third/Die Regierung des Königs Edward III.

Twelfe Night, Or what you will/Die zwölfte Nacht oder Was ihr wollt

The Tragedie of Hamlet, Prince of Denmarke/Die Tragödie von Hamlet, Prinz von Dänemark